国家卫生健康委员会"十四五"规划教材

全国中等卫生职业教育教材

供护理专业用

健康教育

第2版

主　编　靳　平

副主编　程　伟

编　者（以姓氏笔画为序）

　　　　任彩红（吕梁市卫生学校）

　　　　李婷婷（重庆市医药卫生学校）（兼秘书）

　　　　张文明（成都铁路卫生学校）

　　　　武　超（山东省济宁卫生学校）

　　　　侯淡君（揭阳市卫生学校）

　　　　程　伟（山东省烟台护士学校）

　　　　靳　平（重庆市医药卫生学校）

人民卫生出版社

·北　京·

图书在版编目（CIP）数据

健康教育 / 靳平主编. —2 版. —北京：人民卫
生出版社，2022.9（2024.10重印）

ISBN 978-7-117-33566-9

Ⅰ. ①健… Ⅱ. ①靳… Ⅲ. ①健康教育—中等专业学
校—教材 Ⅳ. ①G637.9

中国版本图书馆 CIP 数据核字（2022）第 171785 号

人卫智网	www.ipmph.com	医学教育、学术、考试、健康，购书智慧智能综合服务平台
人卫官网	www.pmph.com	人卫官方资讯发布平台

健 康 教 育
Jiankang Jiaoyu
第 2 版

主　　编：靳　平

出版发行：人民卫生出版社（中继线 010-59780011）

地　　址：北京市朝阳区潘家园南里 19 号

邮　　编：100021

E - mail：pmph @ pmph.com

购书热线：010-59787592　010-59787584　010-65264830

印　　刷：三河市国英印务有限公司

经　　销：新华书店

开　　本：850×1168　1/16　印张：6

字　　数：128 千字

版　　次：2015 年 7 月第 1 版　2022 年 9 月第 2 版

印　　次：2024 年 10 月第 4 次印刷

标准书号：ISBN 978-7-117-33566-9

定　　价：30.00 元

打击盗版举报电话：010-59787491　E-mail：WQ @ pmph.com

质量问题联系电话：010-59787234　E-mail：zhiliang @ pmph.com

数字融合服务电话：4001118166　E-mail：zengzhi @ pmph.com

修订说明

为服务卫生健康事业高质量发展，满足高素质技术技能人才的培养需求，人民卫生出版社在教育部、国家卫生健康委员会的领导和支持下，按照新修订的《中华人民共和国职业教育法》实施要求，紧紧围绕落实立德树人根本任务，依据最新版《职业教育专业目录》和《中等职业学校专业教学标准》，由全国卫生健康职业教育教学指导委员会指导，经过广泛的调研论证，启动了全国中等卫生职业教育护理、医学检验技术、医学影像技术、康复技术等专业第四轮规划教材修订工作。

第四轮修订坚持以习近平新时代中国特色社会主义思想为指导，全面落实党的二十大精神进教材和《习近平新时代中国特色社会主义.思想进课程教材指南》《"党的领导"相关内容进大中小学课程教材指南》等要求，突出育人宗旨、就业导向，强调德技并修、知行合一，注重中高衔接、立体建设。坚持一体化设计，提升信息化水平，精选教材内容，反映课程思政实践成果，落实岗课赛证融通综合育人，体现新知识、新技术、新工艺和新方法。

第四轮教材按照《儿童青少年学习用品近视防控卫生要求》（GB 40070—2021）进行整体设计，纸张、印刷质量以及正文用字、行空等均达到要求，更有利于学生用眼卫生和健康学习。

前　言

　　全国中等卫生职业教育护理专业"十四五"规划教材《健康教育（第2版）》是为了适应新形势下中等卫生职业教育改革发展的迫切需求，由来自全国6所中等卫生学校的教师共同编写完成。本教材全面落实党的二十大精神进教材要求，紧紧围绕"坚持立德树人，面向医疗、卫生、康复和保健机构等，培养从事临床护理、社区护理和健康保健等工作，德智体美劳全面发展的技能型卫生专业人才"这一目标。教材在坚持"三基"（基本知识、基本理论、基本技能）、"五性"（思想性、科学性、先进性、启发性、适用性）原则的基础上，融提高素质、传授知识、培养能力为一体，重视培养学生的创新能力、学习能力。教材在培养目标、教材风格、内容和形式等方面进行了一定程度的改革和创新，尝试教材结构项目化、教学内容实时化、课程资源立体化，力争做到培养目标明确、教材个性凸显、内容宜教宜学。

　　本教材全书共分认知健康教育基本概念、实施健康教育、开展社区健康教育、开展医院健康教育、开展常见疾病的健康教育五章。在内容编排上以中职学生够用为尺度，体现中等职业教育特点与护理专业特点的结合，力求贴近工作。适用于三年制中等卫生职业学校护理专业使用，也可供从事健康教育的工作人员学习、参考。建议在具体教学时根据实际情况对内容做适当增减。

　　本教材在全国中等卫生职业教育护理专业"十二五"规划教材《健康教育》的基础上进行修订。针对基层医疗卫生机构健康教育工作实际情况和中职学生学习特点，将原教材"第一章　绪论""第五章　医院健康教育""第八章　常见疾病的健康教育"分别更名为"第一章　认知健康教育基本概念""第四章　开展医院健康教育""第五章　开展常见疾病的健康教育"；将原教材"第二章　健康传播"和"第三章　健康教育程序""第四章　健康咨询"整合为"第二章　实施健康教育"；将原教材"第五章　社区健康教育""第六章　家庭健康教育"整合为"第三章　开展社区健康教育"；将原教材"第八章　常见疾病的健康教育"中高血压、糖尿病、恶性肿瘤、烟草成瘾4个疾病的健康教育充实为开展高血压、冠状动脉粥样硬化性心脏病、糖尿病、慢性阻塞性肺疾病、恶性肿瘤、烟草成瘾6个疾病的健康教育。据此，更新了实践内容，同时丰富了数字化资源。

本教材全体编者在编写过程中广泛查阅、精心构思、反复斟酌，同时也得到了各编者所在单位的大力支持，在此深表谢意。但由于水平有限、经验不足，教材中难免存在不足之处，恳请大家提出宝贵意见，以便继续改进、完善。

靳平
2023 年 9 月

目　录

第一章 | 认知健康教育基本概念

01章 数字资源

 工作情境与任务

导入情境：

李先生，43岁，公司职员，不抽烟、不饮酒。平时工作较忙、压力较大，晚上经常加班，工作日就餐基本没有规律；上班绝大多数时间在室内伏案工作。李先生上下班尽量不坐车，每次步行约30分钟，周末、节假日经常与家人一起打乒乓球或登山。

工作任务：

分析李先生的以上行为中，哪些是促进健康行为？哪些是危害健康行为？

第一节　认知健康与健康相关行为

健康是促进人全面发展的必然要求，是经济社会发展的基础条件，是民族昌盛和国家富强的重要标志，也是广大人民群众的共同追求。而了解、认识健康的内涵是实现健康的重要前提。

一、健　康

（一）健康的概念

随着社会的发展，人们对健康的认识不断全面、科学、完整、系统。

1. "三维"健康观　1948 年世界卫生组织（World Health Organization，WHO）在其宪章中指出："健康不仅是没有疾病或不虚弱，而是身体、精神和社会适应的完美状态。"该定义从三维健康角度，将健康的内涵从以往单纯生物角度的"无病、无伤、无残"拓展到一个全新的认知层面。1978 年 WHO 重申："健康不仅是疾病或体虚的匿迹，而且是身心健康、社会幸福的总体状态，是基本人权。达到尽可能高的健康水平是世界范围的一项最重要的社会性目标。而其实现，则要求卫生部门及社会与经济各部门协调行动。"

2. "四维"健康观　1989 年，WHO 将健康定义为"生理、心理、社会适应和道德品质的良好状态"，认为健康由以下四个方面组成：

（1）身体健康：指人体结构完整，生理功能正常。WHO 后来把身体健康自测通俗概括为"五快"，即"吃得快"（胃口好、不挑食）、"睡得快"（入睡快、醒后精神饱满）、"便得快"（大小便通畅、便后感舒适）、"说得快"（说话流利清楚、表达正确）、"走得快"（行动自如、步伐轻捷）。

（2）心理健康：指具有责任心、自信心、爱心，情绪稳定，热爱生活，善于交往，有自控能力。衡量个体心理健康的标准有智力正常、情绪协调、人际关系和谐、能动适应环境、保持人格完整、行为表现符合年龄特征等。

（3）社会适应良好：能承担一定的社会责任和义务，具备参与必要社会活动的能力，包括社会功能良好、积极劳动实践、基本生活有保障等。

（4）道德健康：指每个人对自己和社会健康负有责任，不以损害他人的利益来满足自己的需要，具有辨别真伪、善恶、美丑、荣辱等是非观念，能按照社会行为的规范准则来约束自己及支配自己的思想和行为。

3. 全人群全生命周期健康的观点　相对于传统的健康概念而言，"全人群健康"将健康的范畴由个体健康延伸到群体健康，强调健康不仅局限于个体，还应是整个社会人群的健康。全生命周期指个体的整个生命过程，涵盖了从出生到死亡的所有生命阶段，包括婴儿期、幼儿期、儿童期、少年期、青年期、成年期、老年期等。"全生命周期健康"强调将各个生命阶段的健康特征有机串联，有助于分析不同阶段健康状况之间的交互作用，以整体、动态、发展的视角来理解健康。全人群全生命周期健康管理是面向全社会人群，以生命周期为主线，根据生命周期各个阶段的特点，在重点时期为重点人群提供健康干预，例如母婴保护计划、儿童营养计划、青少年健康促进、老人保健计划等。

2016 年 10 月中共中央、国务院印发的《"健康中国 2030"规划纲要》，明确提出"全民健康是建设健康中国的根本目的。立足全人群和全生命周期两个着力点，提供公平可及、系统连续的健康服务，实现更高水平的全民健康。要惠及全人群，不断完善制度、扩展服务、提高质量，使全体人民享有所需要的、有质量的、可负担的预防、治疗、康复、健康促进等健康服务，突出解决好妇女儿童、老年人、残疾人、低收入人群等重点人群的健康问题。要覆盖全生命周期，针对生命不同阶段的主要健康问题及主要影响因素，确定若干优先领域，强化干预，实现从胎儿到生命终点的全程健康服务和健康保障，全面维护人民健康。"

（二）亚健康状态

人群中，符合健康标准者和已被确诊为患病者各占 15% 左右，其余 70% 左右的人则处于健康与患病之间的过渡状态，即亚健康（sub-health）。所谓亚健康状态，指机体虽然没有明确的疾病，但出现活力降低、适应力减退的状态，又称第三状态、灰色状态、病前状态。

处于亚健康状态的人常出现"一多三少"（疲乏感增多、活力减退、反应能力减退、适应能力减退）等表现，如果这种状态不能及时纠正，非常容易引起疾病发生。

成年人预防和改善亚健康的措施有合理膳食、劳逸适度、戒烟限酒、经常锻炼等。

（三）影响健康的主要因素

1. 行为生活方式　指人们受文化、民族、经济、社会、风俗、家庭等影响而养成的生活习惯和行为，如作息习惯、运动习惯、饮食习惯、烟酒嗜好。据 WHO 调查，每年因不良行为生活方式造成的死亡高达 60% 以上。不良生活方式和有害健康的行为已经成为当今危害人们健康、导致疾病及死亡的主因。《中国居民营养与慢性病状况报告（2020年）》显示：2019 年我国因慢性病导致的死亡占总死亡的 88.5%，其中心脑血管病、癌症、慢性呼吸系统疾病死亡比例为 80.7%。这些疾病均与行为生活方式密切相关。其他不少疾病也与行为生活方式有关。

2. 环境因素　包括自然环境和社会环境。几乎所有人类健康问题都与环境有关。

（1）自然环境：指围绕人类周围的客观物质世界，如空气、水、土壤、动植物及其他生物等。

保持自然环境与人类的和谐，对维护和促进健康具有重要意义。如果人为因素使环境的构成或状态发生变化，扰乱和破坏了生态系统和人类的正常生产和生活条件，即为环境污染。环境污染物主要来自工厂排出的废气、废水、废渣，人们生活中排出的废气、污水、垃圾，交通工具发出的噪声和排出的废气等。环境污染可引起人体抵抗力下降，使一些疾病发病率上升和病情加重。例如人体长期呼吸污染的空气，会引起慢性支气管炎、支气管哮喘等疾病高发；大量污染物在短时间内进入人体可引起急性危害，可在短期内使多人发病，甚至危及生命；污染物长期小剂量或低浓度作用于人体可引起慢性危害；污染物还可引起远期危害，如致癌、致畸等。

细颗粒物

大气中直径≤2.5μm的颗粒物称为细颗粒物，又称PM$_{2.5}$。它的直径大约为头发丝的1/20，能停留在空气中较长时间。PM$_{2.5}$在空气中浓度越高，代表空气污染越严重。以PM$_{2.5}$为首要污染物的重污染天气俗称"雾霾"，其急性危害主要表现为咳嗽、咽痛等，慢性危害主要包括对呼吸系统和心血管系统的影响。

PM$_{2.5}$的主要来源包括工业排放、机动车尾气、农田秸秆燃烧、建筑施工和道路扬尘等。室内烹饪、吸烟也会造成PM$_{2.5}$浓度升高。

出现重污染天气时，要做好个人防护。每个人都应当从自身做起，节约能源，爱护环境，为防止大气污染危害做出贡献。

（2）社会环境：包括社会制度、经济状况、人口状况、文化教育、风俗习惯等。社会环境因素既可直接影响人体健康，也可以通过改变自然环境而间接作用于人体，影响人们健康和生活质量。

3. 生物学因素　指人类在长期生物进化过程中所形成的遗传、成熟、老化及机体内部的复合因素。遗传因素是影响人类健康的生物学因素中最重要的一种，如高血压、糖尿病等疾病的发生都与遗传有关。

4. 医疗卫生服务因素　医疗卫生服务指维护及促进人类健康的各类医疗、卫生活动。它既包括医疗机构所提供的诊断、治疗服务，也包括卫生保健机构提供的各种预防保健服务。一个国家或地区医疗卫生服务资源的拥有、分布及利用对其人民的健康状况起重要的作用。

二、健康相关行为

（一）行为的概念与特点

1. 行为的概念　行为是个体对内外界环境刺激的反应，包括内在的生理和心理变化。美国心理学家伍德沃斯提出SOR模式说明行为的基本含义：S（stimulus，刺激）→O（organization，有机体）→R（reaction，行为反应）。美国社会心理学家库克·卢因则提出，人类行为是人与环境交互作用的函数，是人的内在因素和环境影响共同作用的结果。

人类行为分为本能行为和社会行为。本能行为是通过遗传与生俱来的，用以满足生存的基本需求，如摄食、睡眠等。社会行为是个体在社会环境中，为了自身生存和发展而形成的一系列行为，如友爱互助、分工合作、遵守秩序。社会行为形成过程也称社会化过程，指个体通过学习、模仿、接受教育和与人交往，学习社会文化和行为方式，改变自身行为,以适应社会环境的过程。由于人的社会性,本能行为也受到社会、文化和心理等诸多因素的影响和制约,比如摄食行为会受到经济状况、文化观念等的影响。

2. 行为的特点

(1)目的性:人的绝大多数行为都具有明显的目的性和计划性。这种目的性使人类既能适应复杂的环境,又能按照自己的意愿改造环境。因此,人类行为的目的性是开展健康教育的前提,它可以帮助人们改善行为,向促进健康方向转变。

(2)可塑性:指人的行为可以通过不断学习而发展变化的特性。开展健康教育时应充分利用这种可塑性,抓好人的社会化关键期教育,帮助个体从小改变不良行为,养成健康文明的行为习惯。

(3)差异性:人类行为可因遗传、环境、学习经历等因素的不同而具有较大差异性。因此,健康教育措施必须因人而异、因势利导。

(二)促进健康行为

促进健康行为指个人或群体表现出的、客观上有利于自身和他人健康的一组行为。

1. 日常健康行为　如平衡膳食、适量睡眠和积极锻炼。

2. 戒除不良嗜好　如抵制烟草诱惑、远离烟草危害。

3. 预警行为　常指预防事故发生和一旦发生事故后等正确处理的行为,如出行时遵守交通规则、发生车祸时能自救和他救。

4. 避免环境危害行为　如在空气严重污染的时候减少出行或出行时戴好口罩。

5. 合理利用卫生服务　如定期体检、预防接种、就医时如实提供病史并积极配合治疗。

(三)危害健康行为

危害健康行为,简称危险行为,指不利于个体自身和他人健康,可导致疾病发生或加重的行为。

1. 不良生活方式　指日常生活中危害健康的行为习惯和不良嗜好,如不良饮食习惯、缺乏体育锻炼等。

2. 致病性行为模式(disease producing pattern,DPP)　指可导致特异性疾病发生的行为模式,如A型和C型行为模式。

(1)A型行为模式:与冠心病密切相关,主要表现为急躁易怒,有较强竞争性、时间紧迫感和敌对倾向。具有A型行为模式者冠心病的发病率、死亡率远高于一般人群。

(2)C型行为模式:与肿瘤发生有关,主要表现为过度压抑情绪、过分自我克制,表面谦和但爱生闷气。具有C型行为模式者胃癌、肝癌、结肠癌、宫颈癌等肿瘤的发病率远高于一般人群。

3. 不良就医行为　指个体从感知到自身患病到疾病康复的过程中所表现出来的不利于疾病康复的行为,如对疾病过分恐惧、讳疾忌医、不遵医嘱等。

4. 违规行为　指违反法律法规、道德规范并危害健康的行为,既直接危害个体自身健康,又严重扰乱社会秩序、影响公众健康。

第二节　认知健康教育

一、健康教育的概念与目的

（一）健康教育的概念

健康教育（health education）指通过有计划、有组织、有系统的社会和教育活动，帮助个体和群体树立健康观念，掌握卫生保健知识和技能，采纳有益于健康的行为和生活方式，消除或减轻影响健康的危险因素，从而预防疾病，增进健康，提高生活质量。

健康教育不仅仅是提高群众的卫生知识水平，更重要的是要树立健康的信念，养成健康的行为，促进个人的健康和社会的文明。健康教育的核心是促使个体或群体改变不健康的行为和生活方式，尤其是组织的行为改变。要采取各种方法帮助群众了解他们自己的健康状况，并做出改善健康的选择，而不是强迫他们改变某种行为，所以健康教育必须是有计划、有组织、有系统的教育过程，才能达到预期的目标。而许多不良行为不仅仅与个人有关，还受社会习俗、文化背景、经济条件、卫生服务等影响。要改变不健康的行为必须提供改变行为所必需的条件，如提供保健服务、培训保健技能、提供必要的资源等。所以健康教育不仅是教育活动也是社会活动。

（二）健康教育的目的

1. 普及健康知识　帮助个体全面完整地理解健康概念、了解健康有关因素。

2. 树立健康信念　增强人们的自我保健意识：帮助个体建立积极的健康观，使个体认识到"健康为人人、人人为健康"，认识到行为生活方式对健康的巨大影响，从而理解、支持和倡导健康政策、健康环境。

3. 建立健康行为　提高人们的自我保健能力，使其改变不良习惯，倡导文明、健康、科学的生活方式。

二、健康教育的研究领域

1. 按区域或目标人群分　健康教育的研究领域主要分为城市社区健康教育、农村社区健康教育、学校健康教育、患者健康教育、职业人群健康教育等。

2. 按教育内容或目的分　健康教育的研究领域主要分为人生三阶段（生命准备阶段、生命保护阶段、晚年生活质量阶段）的健康教育、安全教育、疾病防治健康教育、心理健康教育、环境保护健康教育等。

3. 按具体业务分　健康教育的研究领域主要分为健康教育计划设计、健康教育材料制作开发、健康教育的组织实施、健康教育评价、健康教育的人才培训等。

三、健康教育的意义

健康教育是我国卫生领域的重要组成部分，是贯彻"预防为主"卫生工作方针的重要手段，是整个卫生工作的出发点。健康教育具有普惠性、公平性，最为经济、有效，在疾病预防控制和公共卫生工作中发挥着重要作用。

1. 健康教育是卫生保健的战略措施 当前心脑血管疾病、糖尿病、恶性肿瘤等慢性非传染性疾病对人民健康的威胁日益严重，而这些疾病的发生发展均与不良行为生活方式密切相关。要预防控制慢性非传染性疾病，降低慢性病对人群健康的损害程度，健康教育是首要措施。通过广泛地开展健康教育工作，帮助人们懂得健康知识，树立健康观念，建立健康的生活方式，才能有效地预防、减少慢性非传染性疾病的发生。

2. 健康教育是提高群众自我保健意识的重要手段 自我保健指人们为了维护和增进健康，预防、发现和治疗疾病，自己采取的卫生行为以及做出的与健康有关的决定。健康教育正是普及卫生知识和技能，使个人、群体有能力履行卫生保健的权利与义务的有效途径。

3. 健康教育是精神文明建设的主要内容 健康教育帮助个体和群体树立健康观念，采取有利于健康的行为生活方式，既有益于群众身心健康，又可以促进家庭、社会的和谐，对精神文明建设可以起到积极的促进作用。

4. 健康教育是一项低投入、高效益的保健措施 据专家预测，如能切实做到"合理膳食、适量运动、戒烟限酒、心理平衡"，能使成年人高血压发病率减少 55%、脑卒中和冠心病减少 75%、糖尿病减少 50%，平均寿命延长 10 年；而花费在健康保健上的费用不到医疗费用的十分之一。可见，健康教育改变人们不良的生活方式和行为，有效提高人们的身心健康水平，可明显降低多种疾病的发病率和死亡率，大大减少医疗费用的支出。

四、我国健康教育的发展

中华人民共和国成立后，健康教育事业的发展大致经历了三个时期，即卫生宣传教育与爱国卫生运动时期、健康教育学科建立与网络初步形成时期、健康教育与健康促进时期。

中华人民共和国成立之初，党和政府就高度重视健康宣教工作，发动群众和社会各界力量共同参与卫生工作。1951 年，卫生部设立卫生宣传处，作为领导全国健康教育和宣传工作的职能机构。之后，各级卫生防疫站设立卫生宣传科室，各医院全面开展病房、门诊和巡诊教育，同时普及卫生知识，达到当时卫生宣教的目的。

1986 年，中国健康教育研究所正式成立（2008 年更名为中国健康教育中心）。到 1988 年，全国 25 个省、自治区、直辖市设立健康教育所，有 130 多个市、县建立专业机构，初步形成较为完整的健康教育指导网络。

1989 年，卫生部发布《关于加强健康教育工作的几点意见》，要求进一步加强健康教育工作。1997 年发布《关于卫生工作改革和发展的决定》，明确指出"健康教育是全民素质教育的重要内容，要十分重视健康教育"。20 世纪 90 年代以来，我国健康教育与健康促进工作领域不断拓宽、技术不断增强、形式不断创新。

2008 年，卫生部颁布了《中国公民健康素养——基本知识与技能（试行）》（即"中国公民健康素养 66 条"），7 年后更新为《中国公民健康素养——基本知识与技能（2015 年版）》。2016 年 12 月，国务院印发《"十三五"卫生与健康规划》，将"深入开展全民健康教育和健康促进活动"纳入主要任务。2017 年，国家卫生与计划生育委员会发布《"十三五"全国健康促进与教育工作规划》，推动落实"把健康融入所有政策"，到 2020 年实现全国居民健康素养水平达到 20%，提供覆盖城乡所有居民的健康教育服务。2019 年 6 月印发《关于实施健康中国行动的意见》，要求"建立健全健康教育体系，普及健康知识，引导群众建立正确健康观，加强早期干预，形成有利于健康的生活方式、生态环境和社会环境，延长健康寿命，为全方位全周期保障人民健康、建设健康中国奠定坚实基础。"

《中华人民共和国基本医疗卫生与健康促进法》于 2019 年 12 月通过，自 2020 年 6 月 1 日起施行。该法明确要求"各级人民政府应当加强健康教育工作及其专业人才培养，建立健康知识和技能核心信息发布制度，普及健康科学知识，向公众提供科学、准确的健康信息。""医疗卫生、教育、体育、宣传等机构、基层群众性自治组织和社会组织应当开展健康知识的宣传和普及。医疗卫生人员在提供医疗卫生服务时，应当对患者开展健康教育。新闻媒体应当开展健康知识的公益宣传。健康知识的宣传应当科学、准确。""国家将健康教育纳入国民教育体系。"

第三节　认知健康促进

一、健康促进的概念

健康促进（health promotion）指运用行政的或组织的手段，广泛协调社会各相关部门以及社区、家庭和个人，使其履行各自对健康的责任，共同维护和促进健康的一种社会行为和社会战略。简而言之，健康促进是包括健康教育以及能够促使行为与环境有益于健康改变的有关政策、法规、组织的综合。

健康教育是健康促进的重要内容和基础；健康促进涵盖了健康教育和环境因素、行政手段等生态学因素，是影响、教育人们健康的一切活动的全部过程。健康教育与健康促进二者区别见表 1-1。

表1-1　健康教育与健康促进的区别

区别点	健康教育	健康促进
内涵	有计划、有组织、有评价的系统干预活动	健康教育及政策环境支持
特点	以行为改变为核心	全社会参与,多部门合作,实施综合干预
方法	传播与教育结合,侧重教育	健康教育、社会动员、环境营造
效果	个体与群体知识、信念、行为改变,可带来健康水平提高	推动个体与群体健康水平提高,创建健康环境,效果可持久
以控烟为例	宣传吸烟危害,指导如何防范、如何控烟、戒烟	广泛开展控烟教育,立法控烟,创建无烟场所,公共场所禁止吸烟等

二、健康促进的策略

1. 制定健康的公共政策　健康促进超越了保健范畴。政府部门已经开始重视健康促进问题、制定相关政策促进健康并承担促进公众健康的责任。健康促进的政策涉及法律法规、财政、税收等多个方面。

2. 创造支持性环境　创造一种安全、舒适、满意、愉悦的生活和工作条件。任何健康促进策略必须提出:保护自然,创造良好的环境以及保护自然资源。

3. 强化社区行动　通过具体和有效的社区行动,包括确定需优先解决的健康问题,做出决策,设计策略并付诸行动,以达到促进健康的目标。在这一过程中,核心问题是赋予社区解决自己健康问题的权利。

4. 发展个人技能　通过提供信息、健康教育和提高生活技能以支持个人和社会的发展,使群众能更有效地维护自身的健康和他们的生存环境,并做出有利于健康的选择。

5. 调整卫生服务方向　卫生健康部门的作用不仅是提供临床与治疗服务,还应提供健康促进服务。

三、健康促进的发展

(一)国外健康促进的发展

1977 年,WHO 制定了"健康为人人"的政策框架,并于 1978 年发表了《阿拉木图宣言》,成为会员国规划未来健康教育工作的指南。这是"人人健康运动"过程中的重要里程碑,也是健康促进发展的雏形。

1986 年 11 月,在加拿大渥太华召开的第一届健康促进国际会议发表《渥太华宪章》,

明确提出，健康促进是一个增强个人和社区控制健康影响因素能力的过程。健康促进不仅仅是一种理念，还是一种理论与方法，指导人们实践与行动，达到健康的理想途径。《渥太华宪章》是国际上公认的健康促进的里程碑。此后每隔2～4年召开1次全球健康促进大会，是健康促进领域最重要的国际会议。

世界各国在健康促进的探索中取得了成果。20世纪70年代，芬兰的冠心病年死亡率居世界之冠，政府邀请世界卫生组织专家到北加里里等地区长期指导，倡导戒烟和减少黄油的摄入量，10年后成效显著。其他不少国家都在健康促进的框架下，根据各自的国情，针对不同的公共卫生问题，探索了成功解决健康危机的途径。

（二）国内健康促进的发展

我国从1952年起开展"爱国卫生运动"，在全民中普及卫生知识，提出"动员起来、讲究卫生、减少疾病、提高健康水平"以及"除四害、讲卫生、增强体质、移风易俗、改造国家"的口号，动员全民参与除害灭病工作。1996年，党中央、国务院在全国卫生工作会议的大会报告中提出："要积极推进'亿万农民健康促进行动'和'中国工矿企业健康促进工程'"。2005年1月，卫生部发布了《全国健康教育与健康促进工作规划纲要（2005—2010年）》和《"健康中国2020"战略》，提出了健康教育与健康促进的总目标。2016年10月，中共中央、国务院印发《"健康中国2030"规划纲要》。2019年6月，国务院印发《关于实施健康中国行动的意见》，从全方位干预健康影响因素、维护全生命周期健康、防控重大疾病三方面出发，组织实施健康知识普及、合理膳食、全民健身等15项重大行动。

2022年5月，国务院办公厅印发《"十四五"国民健康规划》，确定了七项工作任务，其中之一就是"全方位干预健康问题和影响因素。普及健康生活方式，加强传染病、寄生虫病和地方病防控，强化慢性病综合防控和伤害预防干预，完善心理健康和精神卫生服务，维护环境健康与食品药品安全，深入开展爱国卫生运动。"

 知识窗

爱国卫生运动

爱国卫生运动不是简单的清扫卫生，更多应该从人的居住环境、饮食习惯、社会心理健康、公共卫生设施等多个方面开展工作，提倡文明健康、绿色环保的生活方式。

70年来，爱国卫生运动始终坚持党委领导、政府主导、多部门协作、全社会参与，坚持大卫生大健康理念，坚持预防为主、源头治理，以解决影响人民群众健康的环境卫生突出问题、全面提升文明健康素质为重点，组织发动群众开展了一系列活动。通过开展爱国卫生运动，我国城乡环境卫生状况明显改善，传染病防控取得良好成效，全民健康水平显著提升。

（靳　平　李婷婷）

　　本章的学习重点是健康、健康教育、健康促进的概念。学习难点为健康教育、健康促进的概念和意义,观察和分析人群健康相关行为及其对健康的影响。在学习过程中注意全面理解健康的概念,分析健康教育与健康促进二者的联系和区别,注重联系生活实际,体会影响健康的因素,识别自己和他人的促进健康行为和危害健康行为,提高自身和他人健康素养。

 思考与练习

1. 如何全面、完整地理解健康的概念?
2. 健康教育与健康促进有哪些联系和区别?
3. 请你观察、收集一位亲朋好友的健康相关行为,并指出其中哪些是危害健康的行为。

第二章 | 实施健康教育

02章 数字资源

 工作情境与任务

导入情境:

社区居民王先生,50岁,较胖,母亲患有糖尿病。2周前体检时,王先生的空腹静脉血浆血糖为6.5mmol/L,医生告知他处于糖尿病前期,建议他采取措施预防糖尿病。因此,他来到社区卫生服务中心寻求帮助,护士小张接待了他。

工作任务:

1. 对王先生进行糖尿病危险因素及健康教育评估。
2. 为王先生制订预防糖尿病的健康教育干预计划。

实施健康教育是社区护理工作人员必须具备的基本技能。健康教育实施的第一要素就是如何结合健康教育与健康促进的理论,进行健康教育项目的设计、实施与评价,保证对社区某人群的行为干预有针对性。

健康教育实施分为五个阶段:开展健康教育评估、开展健康教育诊断、制订健康教育计划、实施健康教育计划及开展健康教育评价。这五个阶段密不可分、相互制约,构成健康教育项目整体。

第一节　开展健康教育评估

开展健康教育评估是实施健康教育的第一步，在这一阶段，健康教育者通过收集有关资料，评估健康教育对象的学习需要和学习的影响因素。开展需求评估时，首先确定评估所涉及的范围及对象，如某街道、乡镇或某县市区等；评估对象可以是个人、家庭、群体乃至整个社区人群。其次还需确定评估需要收集的资料，以及资料收集的方法和分析的方法。

一、健康教育评估的内容

（一）评估健康教育对象的学习需要

1. 有无正确的健康观念和健康相关行为　健康教育者评估教育对象对健康概念的认识，有哪些促进健康的行为，有哪些危害健康的行为等。

2. 有无学习医护技术的需要　健康教育者评估教育对象是否具备测量身高、体重、血压、血糖等技术，能否进行简单记录和判断等。

3. 是否因疾病的原因必须改变其生活方式　健康教育者评估教育对象是否因患高血压而必须改变吸烟、高盐饮食等习惯，是否因患糖尿病而必须改变高脂肪、高热量饮食等习惯。

4. 是否具有寻求并运用医疗服务的知识和能力　健康教育者评估教育对象是否定期体检，是否主动参加社区健康活动，病后是否及时就医、是否了解即将进行的检查和治疗、是否明白医生对其饮食、活动的建议和要求等。

（二）评估学习的影响因素

影响健康教育对象学习的因素分为内在因素和外在因素。

1. 内在因素　指健康教育对象自身的影响教育效果的各种因素。

（1）学习动机：健康教育对象如果意识到自己的学习需要，并相信通过学习，可以满足需要时，就会具有强烈的学习欲望，因此，健康教育工作者应帮助教育对象认识到自己的学习需要。

（2）文化背景：健康教育工作者应了解不同文化背景下教育对象的信仰和习俗。这些因素与教育对象的饮食、健康、疾病和生活方式密切相关，对健康教育的效果有较大影响。

（3）支持系统：指影响健康教育对象学习的人，如教育对象的亲属、好友等，这些人的健康观念和行为会影响健康教育对象。如果支持系统支持教育对象的学习，会有助于教育对象健康行为的形成，否则就会形成阻碍。

（4）经济条件：经济条件也会影响健康教育对象的学习，教育者应根据教育对象的不同经济状况给予符合其需要的指导。

（5）学习准备程度：指健康教育对象在生理和心理等方面，对学习的适应能力。主要包括阅读能力、记忆能力、感知能力、语言表达能力等，此方面内容与教育对象的年龄、成熟度有关。

2. 外在因素　指教育对象之外的影响教育效果的各种因素。

（1）学习环境：健康教育工作者应评估学习场所的温度、湿度、光线、噪声、通风等是否有利于教育对象的学习。

（2）教育时间：健康教育工作者应在教育对象需要时开展教育，并且有足够的时间完成教育计划。

（3）健康教育工作者：健康教育工作者的工作态度、能力和专业知识对教育效果有较大影响。

（4）医疗卫生服务资源：包括医疗卫生服务提供情况和利用情况。

二、健康教育评估的方法

（一）直接评估法

直接评估法主要用于对个体进行评估，包括问卷调查法、观察法、访谈法等。

1. 问卷调查法　是收集资料最常用的方法，可以由调查员与被调查者面对面或电话访谈，也可以请被调查者填写问卷。

2. 观察法　研究者根据研究目的、纲要或研究观察表，借助感官或辅助工具，观察研究对象，获取调查资料。

3. 访谈法　研究者根据不同的研究目的，选择不同的访谈方式，如个人访谈、团体访谈等方式收集资料。

（二）间接评估法

间接评估法主要用于对群体对象进行评估，包括召开座谈会、查阅文献资料、流行病学调查等。

1. 召开座谈会　研究者邀请当地政府部门和医疗卫生服务机构的相关人员、社区居民代表，召开座谈会，搜集所需资料，进行分析评估。

2. 查阅文献资料　研究者从现有的文献资料中搜集信息，如查阅医疗卫生服务机构的日常工作记录、居民健康档案，政府部门公布的统计信息，公开发表的文献资料等。

3. 流行病学调查　研究者对教育对象开展普查、抽样调查等流行病学调查，以评估教育对象的学习需要和学习的影响因素。流行病学调查是健康教育评估的常用方法。

第二节　开展健康教育诊断

健康教育诊断即确定健康教育问题,指在收集健康教育评估资料、确定评估内容及影响因素的基础上,通过分析,找出教育对象现存的或潜在的健康问题及相关因素,确定健康教育优先解决的首选问题,为制订健康教育计划提供科学依据。其核心是确定影响目标人群健康问题的主要健康相关行为,以及影响该健康相关行为发生、发展的主要因素。

一、开展健康教育诊断的基本步骤

健康教育诊断包括社会诊断、流行病学诊断、行为与环境诊断、教育与生态诊断、管理与政策诊断5个步骤。

(一)社会诊断

健康教育人员应该首先了解健康教育对象关注的焦点,从社会学的角度找出与健康生活相关的问题,重点是社区人群的人口学特征、生活环境和生存质量。其次,根据需求程度、重要性及影响程度的不同,按优先次序将问题排列出来。社会诊断是生物 - 心理 - 社会医学模式的具体体现,有助于有针对性地设计适合教育对象的健康教育计划。

(二)流行病学诊断

流行病学诊断主要是从流行病学角度,找出健康教育对象最重要的健康问题,与社会诊断有互补性。流行病学诊断通过描述健康教育对象的躯体、心理及社会等方面的健康问题,以及相对应的各种危险因素的发生率、强度等,确定健康问题的相对重要性,揭示健康问题随年龄、性别、生活方式及其他环境因素变化的规律。通过对健康相关行为危险因素的分布、强度等信息进行分析,提出实施健康教育的重点,有利于将有限的资源应用于解决最迫切的健康问题。

流行病学诊断主要包括以下5个问题:①影响健康教育对象生命与健康的问题是什么?②影响该健康问题的危险因素有哪些?其中最重要的危险因素是什么?③这些健康问题的受累者是哪部分人群?他们在性别、年龄、种族、职业等方面有何特征?④这些健康问题在持续时间、发病季节、地区等方面有无规律?⑤哪些问题对实施健康教育措施较为敏感且实施健康教育后能达到预期效果?

(三)行为与环境诊断

行为与环境诊断是在流行病学诊断基础上,从行为和环境的角度,找出最可能影响健康问题的因素。

1. 行为诊断

(1)区别引起健康问题的行为与非行为因素:以高血压的危险因素为例,行为因素有高盐饮食、吸烟、酗酒、精神紧张等，而遗传、年龄、性别等因素为非行为因素，其中行为因素是通过健康教育可以干预的。

（2）区别行为的重要程度：在疾病的危险因素中，与健康问题的发生有直接或密切联系的行为是重要行为。如吸烟是慢性阻塞性肺疾病的重要因素，吸烟量越多，发生慢性阻塞性肺疾病的危险性越高。

（3）区别行为可变性的高低：在引起健康问题的行为因素中，与生活方式关系不密切、社会认可度不高、既往已被成功改变过、正处在发展时期的行为，为高可变性行为；形成时间已久、深深植根于文化传统或生活方式中、既往尝试改变但未成功的行为，为低可变性行为。

2. 环境诊断任务　环境诊断任务包括自然环境诊断和社会环境诊断。在影响健康的环境因素中，常存在非个人能力能解决的因素，这类因素需要通过健康促进来改进。环境因素的改善常常有助于教育对象改变个人行为，如规定"公共场所禁烟"有助于吸烟者吸烟习惯的戒除。

（四）教育与生态诊断

教育与生态诊断是探讨影响健康教育对象的健康行为的因素，这些因素包括：①倾向因素，如个人的年龄、性别、知识、信念、态度、现有技能；②促进因素，如医务人员、医疗费用、保健设施、相应的法律法规；③强化因素，如来自亲属、朋友、同事等的社会支持。教育者通过教育与生态诊断，找到引发行为改变的动机，这是实施健康教育的重要基础。

（五）管理与政策诊断

管理与政策诊断指实施健康教育者根据健康问题的影响因素，找出合适的策略及实施过程中所需要的资源、设备、政策，以及可能遇到的阻碍，是实施健康教育成功与否的关键。如"采用哪些策略，可以改变健康问题的相关因素""有哪些可用的健康教育资源""实施过程中有哪些现行的政策与之相关联"等。

二、健康教育诊断的表达

健康教育诊断的表达形式可参照护理程序中护理诊断的表达形式，北美护理诊断协会确立的与患者的学习需要有关的护理诊断有两种表达形式：

1."知识缺乏：缺乏……知识"　如"知识缺乏：缺乏高血压的防治知识"。

2."有……危险　与缺乏……知识有关"　如"有父母不称职的危险　与缺乏婴儿喂养的知识与技能有关"。

第三节　制订健康教育计划

健康教育内容涉及健康教育对象生命发展的各个阶段，涵盖健康促进、疾病预防等众多领域。因此，每项健康教育活动无论周期长短都要有科学、周密的计划。

一、制订健康教育计划的意义

1. 明确健康教育的目标　健康教育的目标包括总体目标和具体目标，是制订健康教育计划的第一步，只有目标明确，健康教育工作才能做到有的放矢。

2. 制订实施阶段的行动纲领　一个完整的健康教育计划不仅有明确的目标，还要对实施全过程进行周密的安排，包括确定教育内容、教育方法、教育场所和时间、教育人员等。健康教育计划是实施阶段的行动纲领，是行动不偏离目标、达成健康教育效果的基础。

3. 设计评价阶段的衡量标准　健康教育计划还应包括对评价阶段的设计，包括评价的内容、方法、指标及评价人员。健康教育的工作进程、质量控制、效果评价、存在问题等，都可以通过健康教育计划来进行验证。

二、制订健康教育计划的原则

制订健康教育计划应该遵循以下原则：

1. 整体性原则　健康教育是健康促进工作的一部分，在制订计划时，必须明确健康促进总体目标，健康教育目标要与健康促进总体目标一致。

2. 前瞻性原则　教育者制订计划时要考虑长远发展的要求，目标要体现一定的先进性，如果目标要求过低，将失去计划的激励功能。

3. 灵活性原则　教育者在制订计划时，要尽可能预计到实施过程中可能发生的变化，要留有余地，并预先制订应变对策，以确保计划顺利实施。

4. 针对性原则　教育者通过评估，清晰地掌握教育对象的健康问题、知识水平、经济状况、风俗民情等客观资料，实行分类指导，从实际出发，制订符合教育对象学习需要、切实可行的健康教育计划。

5. 参与性原则　鼓励教育对象和健康教育工作者一起积极参与健康教育计划的制订。只有这样才能保证教育对象主动参与健康教育计划的实施。

三、制订健康教育计划的步骤

（一）制订健康教育计划目标

1. 总体目标 健康教育计划的总体目标是该计划理想的最终方向和成就，通常指较笼统的、定性的远期目标。以"制订某社区人群冠心病患者健康教育计划"为例，健康教育计划实施后的总体目标是"降低冠心病各种可以干预的危险因素，提高社区冠心病患者的生活质量"。

2. 具体目标 为了逐步实现总体目标，健康教育工作者应根据教育对象的健康教育诊断，制订出明确的、可测量的具体目标。具体目标通常包括五个要素，即对谁、什么变化、多长时间、多大程度、如何测量；具体目标可分为教育目标、行为目标和健康目标。教育目标改变内容是影响健康行为的因素，如知识、态度、技能等改变目标；行为目标改变内容是影响健康的相关行为；健康目标指人群健康状况的改变目标。健康目标的选择，取决于健康教育计划的性质、计划持续的时间，以及计划在实施过程产生的健康效果。

以"制订某社区人群冠心病患者健康教育计划"为例，其具体目标有以下几个方面：

（1）教育目标：健康教育计划实施1年后，知识方面，80%以上患者能说出高血压、高血脂、高血糖、肥胖以及吸烟等对冠心病的危害；态度方面，85%以上患者能够接受改变不良生活方式的干预活动；技能方面，80%以上患者学会如何改变不良生活方式，降低或消除冠心病的危险因素。

（2）行为目标：健康教育计划实施1年后，75%的患者血糖、血压、血脂及体重达到正常标准，95%以上的患者戒烟。

（3）健康目标：健康教育计划实施3年后，冠心病患者的住院率、死亡率降低30%，5年后冠心病患者的住院率、死亡率降低50%。

（二）确定实施健康教育策略

健康教育策略指达到目标的方法途径，主要包括以下内容：

1. 确定目标人群和内容 目标人群分三级：一级目标人群是项目的直接受益者，二级目标人群是对一级目标人群有重要影响的人群，三级目标人群是对计划实施有支持作用或重大影响的人群。教育者以学习目标为基础，确定健康教育实施的目标人群，根据不同目标人群，确定不同健康教育内容。

2. 选择方法 健康教育的形式多样，包括集体教学法，如专题讲座、小组讨论、病友协会，或利用公众传播媒介（电视、录像、广播、宣传手册）等，也包括交谈、个别指导等方法。

3. 确定场所 健康教育者可根据不同教育人群或内容选择实施教育的场所，如幼儿园、中小学等教育机构，或医院等卫生机构，或生活、工作场所如单位、家庭、街道、公园等。

4．安排活动日程　活动日程即健康教育课程表，由教育者根据教学内容的逻辑关系、先后顺序和场所、参与人员等客观条件合理安排。

5．设计监测与评价方案　建立严格的监测与评价系统，对监测与评价的方法、指标、人员等做出明确的计划。

第四节　实施健康教育计划

实施健康教育计划是教育者按照计划要求，实施各项教育活动，有序且有效地实现目标，获得效果的过程。在实施阶段，要重点做好制订进度、组织机构、质量控制、人员培训、材料准备等方面的工作。

一、制订实施健康教育计划的进度表

实施进度表是根据健康教育计划的方案，以时间为引线，对各项具体工作的时间、地点、内容，工作日数量，工作目标与监测指标，工作地点，经费预算，分项目负责人及其他事项，做出的实施进度表。健康教育计划在实施过程中应按照实施进度表，逐步实现阶段目标和总体目标。

二、建立实施健康教育计划的组织机构

建立组织机构网络是实施健康教育计划的人员保证，包括强有力的领导机构和高效率的执行机构。

（一）领导机构

领导机构根据计划所涉及的层次来确定，如一个单位、社区、某市区或一个省等。领导机构成员一般包括与健康教育计划实施直接相关的行政部门领导和主持实施工作的业务负责人。其职责是为实施健康教育计划提供政策支持、部门协调，研究、解决计划实施过程中的困难与问题。

（二）执行机构

执行机构一般设置在某个相关业务部门内，或者以一个部门为主体，由健康教育或医疗卫生等专业人员组成。其职责是将计划付诸行动，实现预定目标，同时向领导机构汇报工作进展，听取和接受领导机构的意见。

三、实施健康教育计划的质量控制

质量控制贯穿实施健康教育的全过程，主要是利用一系列方法，保证健康教育计划

执行过程的质量,使干预活动按照计划进度与质量正常运行,及时发现出现的问题,通过组织机构与相关部门协调,促使计划向目标进行。质量检测内容,主要对工作进度、活动内容、活动开展状况、对象人群"知、信、行"及有关危险因素、经费使用等方面的监测。

1. 进度监测　反映项目质量,包括监测实施健康教育计划过程是否按照时间进度进行、是否在计划时间内完成要求的工作。如果工作有延误,应找到延误的因素以及补救的措施。

2. 内容监测　主要是检查实际开展的活动在内容、数量方面是否符合计划要求,是否是计划之内的,有无额外增加或更改,增加或更改的理由是什么。其主要内容包括活动的质量、数量、覆盖面、参与对象人群的数量等。

3. 开展状况监测　主要监测实施健康教育计划人员工作状况、对象人群参与情况、各部门之间配合情况。人员工作状况监测主要监测工作人员是否接受培训、是否按计划进入岗位,是否具备相应的知识、技能,工作态度是否端正,工作的积极性与出勤率如何等;对象人群参与情况监测主要指其参与率及参与的态度;各部门之间配合情况监测指与活动相关的各个部门,是否在领导机构的组织协调下,与实施机构配合活动,为活动实施提供帮助。

四、实施健康教育计划的人员培训

健康教育计划能否顺利实施与实施人员的能力密切相关。组织者应根据健康教育计划的要求,对实施人员进行培训,使其熟悉项目的管理程序,掌握相关的知识、技能及工作方法。

1. 制订培训计划　由培训负责人制订,包括培训的具体目标、方法,培训课程的设置、课时分配及进度,评价、考核的方法。

2. 准备培训工作　培训准备工作直接影响到培训计划的实施和效果,通常培训准备工作包括实施人员动员、师资配备、教材选定、场地落实、经费保障和后勤服务等。

3. 实施培训计划　健康教育计划的实施人员多是有工作经验的成年人,所以培训时可采用参与式教学方法,如头脑风暴法、角色扮演法、小组讨论法、案例分析法等,调动学员的学习积极性,实现培训目标。

4. 评价培训工作　主要包括对培训效果的评价、对教师和教材的评价、对组织和后勤工作的评价,以及对培训远期效果的评价等。

五、实施健康教育计划的物质准备

为确保健康教育计划的顺利实施,还需要做好各种物质准备,主要包括健康教育材料和设备的准备。

（一）健康教育材料的准备

在实施健康教育过程中，选择与制作合适的健康教育材料是实施健康教育的关键。在健康教育材料制作时，教育者应根据目标人群的文化程度、接受能力等，决定材料的内容、复杂的程度和信息量。

1. 制作原则　在制订健康教育计划时，教育者应该首先考虑从现有的教育材料中选择可利用的材料，以便节约时间和资源，在现有的信息或传播材料不充足时，则须制作新的教育材料。健康教育材料包括声像材料，如视频、幻灯片、广播稿；印刷材料，如小册子、传单、折页、宣传画等。

（1）适合教育目的：教育材料的内容和形式应适合教育目的的需要，概念一致、重点突出。

（2）符合教育条件：教育材料的内容和形式应符合项目所在区域的文化背景、生活习俗、宗教信仰和教育媒介条件，应考虑制作能力、技术水平和可利用资源。

（3）符合目标人群的接受能力：了解目标人群的特点，如知识、态度、行为及其影响因素，是制作健康教育材料的必要前提。教育者完善信息设计，加强健康教育材料对目标人群的针对性和指导性，将增强教育效果，有助于健康教育目标的实现。

2. 制作程序　健康教育材料制作应遵循如下程序：

（1）分析受众需求和确定核心信息：以查阅文献、人群调查等方法，对有关政策、组织机构能力、媒介资源、人群特征及其需求等进行分析，初步确定健康教育材料的信息内容。

（2）制订计划：根据信息内容、制作材料制订计划，计划包括目标人群、材料种类、发放渠道、使用方法、预试验与评价方法、经费预算等。

（3）形成初稿：根据目标人群的文化程度、接受能力、信息内容及材料制订计划，形成初稿。

（4）预试验：预试验指在材料最终定稿和投入生产之前，在目标人群的典型代表中进行试验性使用，系统收集目标人群对材料的内容、表现形式及对信息的易读性、实用性、可接受性的反应，根据反馈意见，对材料进行修改。预试验主要采用定性研究的快速评估方法，如专题小组讨论、调查、个人访谈等；预试验的次数，一般需要2~3次。

（5）生产发放与使用：预试验结束后，将材料终稿交付有关负责人员审阅批准后，安排制作和生产，确定和落实材料的发放渠道，保证材料发放到目标人群手中，同时对材料的使用人员（社区积极分子、专职或兼职健康教育人员）进行必要的培训，使之有效地使用这些材料。

（6）监测与评价：在材料使用时，要监测材料的发放和使用情况，并对材料的制作质量、发放与使用实际状况、传播的效果进行评价，总结经验、发现不足，以指导新传播材料的制作。

3. 使用技巧　在张贴宣传资料及布置宣传栏时，既要注意选择人群经常通过、易于停留观看的位置，又要注意其高度，以成人阅读时不必过于仰头、方便观看为宜；一种传播材料不宜留置过久，应定期更换；选择音像材料的播出媒介时，应注意当地多数目标受众对媒介的拥有情况和使用习惯。

（二）设备的准备

1. 办公设备　如电话机、计算机、打印机及其他办公用品等。
2. 音像设备　如照相机、摄像机、录音机、电视机等。
3. 教学设备　如投影仪、黑板、话筒等。
4. 医疗仪器　如身高体重计、血压计等。
5. 其他　如交通工具等。

以上设备的来源是多渠道的，可直接来源于执行机构，或用项目经费购置，也可以从合作单位借用或从有关单位租用。健康教育设备的使用和管理要做到责任明确，保证工作的顺利进行。

六、实施健康教育计划的手段

健康传播（health communication）是健康教育的基本策略和手段，指通过各种渠道，运用各种传播媒介和方法，为维护和促进人类健康而收集、制作、传递、分享健康信息，促使相关个人及组织掌握健康知识与信息、转变健康态度、采纳有利于健康的行为的过程。

（一）健康传播的分类

按照传播模式及传授双方的关系，健康传播分为自我传播（又称人内传播）、人际传播（又称亲身传播）、群体传播（又称小组传播）、组织传播（又称团体传播）、大众传播。其中人际传播与大众传播是最常用、最灵活、最基本的健康传播手段。人际传播，指信息通过个人与个人之间直接传递，是个体之间的相互沟通，常用形式包括健康咨询、个别访谈等；大众传播，指职业性传播机构和人员通过广播、电视、报刊、书籍、电影等大众传播媒介，向范围广泛、为数众多的社会大众传播信息的过程。

（二）健康咨询

健康咨询是人际传播常用的形式之一，也是健康教育工作者进行健康教育的形式之一。

1. 健康咨询的概念　健康咨询（health counselling）是健康教育工作者向求助者答疑解惑，直面生活中的各种健康问题，使其在生理、心理、社会、道德等方面树立全新健康观念，采取有益健康的行为生活方式的过程。健康咨询对健康教育工作者而言，是一个被动过程。健康教育工作者以一定的方式接待求助者的咨询，用自己所掌握的健康知识和健康咨询技巧，帮助求助者全面了解他们面临的困惑，予以解疑释惑。

2. 健康咨询的主要形式　健康咨询主要通过一对一的方式进行，其常见的咨询形式有以下几种：

（1）社区广场咨询：各级卫生行政部门和医疗卫生机构根据国际和我国设立的不同的"卫生日"，在社区广场等公共场所进行健康教育宣传和咨询活动，如在每年5月17日"世界高血压日"进行高血压防治知识的健康教育；在4月最后一周"《中华人民共和国职业病防治法》宣传周"进行职业病防治知识的宣传。

（2）门诊健康咨询：医疗卫生机构在门诊设立健康咨询诊室、在门诊大厅设立简易健康咨询台，根据不同的健康咨询需求，分场所进行咨询，如心理生理健康咨询选择在健康咨询室进行、儿童保健知识咨询可选择在门诊大厅健康咨询台进行。

（3）电话健康咨询：健康教育工作者或医务人员通过健康咨询热线，以电话沟通方式，进行有关健康问题的咨询或宣传活动。

（4）广播电视健康咨询：通过广播电视设置的健康教育专题节目，邀请某领域具有影响的专家，对社区普遍关注的健康问题进行咨询和解答。

（5）互联网健康咨询：互联网是当前重要的传播媒介，对人们的行为生活方式及健康，有深刻影响。由各级医疗卫生机构在互联网上设置网页，可设浮动咨询窗口，供求助者根据需求选择。

3. 健康咨询的内容

（1）根据求助者的健康观念和需求分类，主要有：

1）行为生活方式健康咨询：当人们获知行为生活方式可能对自己有利或有害时，会主动寻求咨询，通过健康教育工作者的指导或帮助，确定接受或拒绝某些行为生活方式。

2）心理健康咨询：专业人员帮助求助者解决心理上的疑惑、改善人际关系、提高应对各种事情的能力以及调节和适应环境的能力。

3）生理生殖健康咨询：如青春期困惑解答、生育相关健康知识咨询、老年保健咨询等。

4）环境健康咨询：帮助人们了解自然环境和社会环境中有利于健康和危害健康的因素，避免或减轻环境有害因素对生命和健康的危害。

（2）根据求助者所处的环境分类，主要有：

1）家庭健康咨询：指家庭成员在家庭环境、人际关系、行为生活方式等方面的咨询。

2）学校健康咨询：指学校管理者、教师、学生家长以及学生，在学习困惑、身心发育、集体生活、习惯养成、疾病防控等方面的咨询。

3）医院健康咨询：为患者、患者家属和照顾者，以及医院的工作人员解决困惑。

4）工作场所健康咨询：对《中华人民共和国职业病防治法》和从业人员职业健康进行宣传。

5）社区健康咨询：咨询的内容可涉及社区的环境、社区的人群特征和群体行为生活方式等。

4. 健康咨询的过程　健康咨询的过程是帮助、教育的过程，包括收集信息、分析诊断、促成改变、追踪反馈等环节。健康教育工作者通过恰当的健康咨询形式，收集求助者的信息并进行整理，重点收集受助者的基本情况、家庭情况、身体发育与健康状况、工作与学习情况以及生理、心理、社会和道德等主要问题,然后将收集的信息进行系统分析,对其做出诊断,确定咨询目标,与其协商,指导行为改变,取得预期目标。

在每一个环节中,良好的咨询氛围都可以使求助者与健康教育工作者之间形成相互信赖、充分理解、坦诚相待的咨询关系,有助于达成有效咨询。良好的咨询氛围包括适宜的咨询环境和咨询时间、健康教育工作者良好的职业素养等,例如:健康教育工作者服饰整洁、仪态大方、举止得体,接待求助者时有礼貌,沟通时耐心倾听,尊重求助者的权利和隐私。

 知识窗

健康咨询的三种环境

根据咨询内容、咨询环境可分3种,即开放式咨询环境、半开放式咨询环境、封闭式咨询环境。

1. 开放式咨询环境　指在社区、学校、工作场所等区域,有目的、有计划地开展健康教育活动,并设置相关的健康咨询台,为求助者提供咨询服务。咨询内容多为人们共同需求的健康知识,不涉及隐私问题。

2. 半开放式咨询环境　指在医疗卫生服务机构大厅、社区卫生服务中心设立的咨询台、医护人员的诊断治疗室等,由医护人员针对门诊或住院患者进行的有关健康和疾病的治疗、预防等咨询服务。

3. 封闭式咨询环境　指在医疗卫生机构和社区卫生服务中心设置的专门的健康咨询室,其咨询内容多涉及隐私,对咨询室、咨询环境和咨询者有较高的要求。

5. 健康咨询的技巧　健康教育工作者能否合理运用健康咨询技巧,是健康咨询过程完成的重要保障。健康咨询的技巧主要包括说话技巧、倾听技巧、提问技巧、反馈技巧和非语言沟通技巧等。

(1)说话技巧:健康教育工作者使用对方能够理解的语言和词汇、能够听懂的发声和语速、能够接受的方式,向受教育者提供适合个人需要的信息。主要包括以下3个方面:①内容明确,重点突出,一次谈话紧紧围绕一个主题,避免涉及内容过广,要注意谈话内容的深度,重要内容要适当重复,以加强理解和记忆;②可根据谈话对象的身份、文化层次及对疾病的了解程度,选用适当的医学术语,必要时,使用当地语言和老百姓的习惯用语;③在交谈过程中应适当停顿,给对方以提问和思考的机会,同时要注意观察对方情感变化。

(2)倾听技巧:健康教育工作者通过有意识地听清每一个字句,观察和了解其表达的方式,以洞察说话人的意图和情感。只有了解咨询对象存在的问题、对问题的想法及其产生的根源,才能有效地进行健康教育工作。主要包括以下4个方面:①在倾听过程中要集中精力、倾耳细听，不受外界的干扰，即使偶尔被打断，也要尽快把注意力集中回来；②要认真听取对方讲话，不要轻易打断或做出判断，也不要急于表态或回答问题，听完抓住问题要点，予以分析，如果求助者不善言表或离题过远，可适当引导；③倾听时要注视对方，不断用点头或重复关键词语的方法，表明对对方的理解和关注；④倾听姿势要稳重，与说话者保持同一高度。

（3）提问技巧：提问是获取信息、加深了解的重要手段。不同的提问产生不同的效果。健康教育工作者有技巧地提问可以鼓励对方倾谈，获得所期望的信息。提问的方式有以下 5 种类型：①封闭式提问，如"您是本地人吗？""您今年多大了？""您抽烟吗？"这种提问方式求助者直接给出回答，健康教育工作者能迅速获得需要的信息；②开放式提问，如"您感觉怎么样？""您怎么理解亚健康？"这类问题不具体，能诱发交谈对方说出自己的感觉、认识、态度和想法，有助于谈话者真实地反映情况；③探索式提问，又称探究式提问，如"您为什么不戒烟呢？"适用于对某一问题进行深入了解，探索问题的原因；④偏向式提问，又称诱导式提问，如"您今天感觉好多了吧？"提问者暗示对方给出自己想要得到的答案；⑤复合式提问，指在一句问话中，包括了两个或两个以上的问题，此类提问，常使回答者感到困惑，沟通时应避免使用。

（4）反馈技巧：指对对方表达出来的情感或言行做出恰当的反应，可使谈话进一步深入，也可使对方得到激励和指导。及时反馈是人际传播的一个重要特点。常用的反馈方法：①肯定性反馈，交谈时要适时插入赞同或支持的语言，如"是的""很好"，让对方感到愉快，受到鼓舞，也可用点头、微笑等非语言形式予以肯定；②否定性反馈，对方有不正确的言行，或存在需要纠正的问题时，要提出否定性意见，在做出否定性反馈时，要态度和缓、口气婉转，使谈话对方保持心理上的平衡，敢于正视自己的问题，易于接受批评意见和建议；③模糊性反馈，适用于暂时回避对方某些敏感问题或难以回答的问题，如"是吗？""哦！"向对方做出表示没有明确态度和立场的反应。

（5）非语言沟通技巧：指在沟通时，以动作、姿态等非语言形式传递信息，如表情、眼神、语音、语调等。非语言沟通形式，融会贯通在说话、倾听、反馈、提问等技巧之中。要恰当运用肢体语言，如注视对方的眼睛，表示对对方的重视和尊重，也表明在认真地听；点头，表示对患者的理解和同情。

第五节　开展健康教育评价

健康教育评价工作贯穿于健康教育过程的始终。通过健康教育评价，健康教育工作者能了解健康教育实施的效果，能监测、保障、控制计划的实施和质量，同时还有助于总结经验、吸取教训，为今后的健康教育工作提供依据。

一、健康教育评价的类型和内容

根据评价内容的不同，健康教育评价分为形成评价、过程评价、效果评价和总结评价四种类型。

（一）形成评价

形成评价是在健康教育计划执行前或执行早期，对计划内容所作的评价，目的在于使健康教育计划更科学、更符合教育对象的学习需要。形成评价的具体内容包括现行计划目标是否明确合理；指标是否恰当；执行人员是否具备完成该项目的能力；资料收集是否可行等。

（二）过程评价

过程评价贯穿于健康教育计划实施的全过程。过程评价的具体内容包括监测计划工作进度、计划活动内容、计划活动运作、活动经费使用情况，评价管理人员、工作人员的职业技能、工作态度、责任心及合作情况等。

（三）效果评价

效果评价即在健康教育计划实施完成后，对干预作用和效果的评价。具体内容包括评估教育对象健康相关行为及其影响因素（倾向因素、促成因素，强化因素）的变化，属于近期和中期效果评价，又称为效应评价；评估教育对象健康状况及生活质量的变化，属于远期效果评价，又称为结局评价。

（四）总结评价

总结评价是形成评价、过程评价、效果评价的综合以及对各方面资料做出的总结，全面反映健康教育计划的成功与不足，为今后制订新的计划提供科学依据。

二、健康教育评价的指标

健康教育评价的指标要根据评价的类型与内容确定。

（一）形成评价指标

形成评价的指标主要有计划的科学性、政策的支持性、技术的适应性，以及目标人群的接受程度等。

（二）过程评价指标

根据计划的内容以及特点选择评价指标，如项目活动执行率（某时间段已执行项目活动数／某时段应执行项目活动数×100%）、干预活动覆盖率（参与某种干预活动人数／目标人群总数×100%）、目标人群满意度（包括对干预形式、干预内容、组织和人际关系的满意度）、资金使用率等。

（三）效果评价指标

1. 效应评价指标　健康知识平均分、健康知识合格率、健康知识知晓率（知晓人数／调查总人数×100%）、健康知识普及率（达到健康知识普及要求人数／该范围内的总人数×100%）、健康行为形成率（健康行为形成人数／考核人数×100%）等。

2. 结局评价指标　结局评价的指标通常有两类：第一类是健康状况指标，包括身高、体重、血压、血红蛋白、人格、情绪等生理心理指标，以及发病率、患病率、某病死亡率等；第二类是生活质量指标，包括生活质量指数、生活满意度指数等。

三、健康教育评价的方法

健康教育评价的方法，要根据评价的类型与内容进行选择。无论何种评价类型，都需要收集相关资料、计算相应指标、分析判断健康教育计划的完成情况等。具体的评价方法分为以下几方面：

1. 现场观察　直接观察教育对象健康行为的改变情况。

2. 面谈与询问　通过专家咨询、专题讨论、面谈等方式，了解教育对象在知识和情感领域的学习情况。

3. 查阅资料　查阅文献、档案资料，包括计划、工作记录、检查记录等。

4. 调查统计　通过问卷调查、数据统计等方法，了解教育对象在知识、态度、行为和健康方面改变的情况。

四、健康教育评价的影响因素

健康教育对象的知识、信念、行为的改变，受到多种因素的影响，其健康状况和生活质量的变化，更易受社会政治、经济、文化、科技发展等的影响，因此，进行健康教育效果评价时，要注意控制混杂因素，客观评价干预效果。

（一）时间因素

时间因素指在健康教育计划的执行和评价过程中，发生的重大的、可能对目标人群产生影响的事件，如与健康相关的政策的颁布、生活条件的重大改变、自然灾害或社会灾害的出现等。另外，随时间变化的社会文化状况，也会影响人们的行为和健康状况，同样属于影响评价的时间因素。

（二）观察因素

在评价过程中，测试者本身的态度、工作人员对有关知识和技能的熟练程度、测量工具的有效性和准确性及目标人群的成熟性都对评价结果有影响。

1. 测量者因素　测量者对评价结果的影响，主要有以下三个方面：

（1）暗示效应：测量者的言行举止、态度等，易使目标人群受到暗示，会出现依照测量者的希望而有所表现的现象,称为暗示效应。尽管测量者测量到的是教育对象当时的表现,但其各方面表现并非健康教育干预活动所致,而是接受暗示的结果。

(2)测量者成熟性:随着项目的推进,测量者对活动的开展、运用工具的技能越来越熟练,可能会导致即便使用同种工具测量同样内容,测试的结果,也会出现差异大的现象。

(3)评定错误:健康教育计划实施后,教育者的主观愿望是项目取得预期效果,达到预定目标。这种愿望有可能会导致测试者在效果评价中,有意或无意地放松对评价标准的把握,引起评价效果与真实情况产生差距。

2. 测量工具因素　健康教育评价的测量工具主要有问卷、仪器、试剂等,除了其有效性和准确性会直接影响评价外,标准是否统一也会影响评价结果。因此应选择适宜的测量工具,并检验其可靠性,确保测量准确,同时还应统一标准。

3. 测量对象因素

(1)测量对象成熟性:随着健康教育活动的推进,目标人群在不断成熟,会越来越了解并关注教育的具体内容,可能会导致测量结果与项目干预的真实结果有差异。

(2)霍桑效应:当人群在得知自己正在被研究或观察时,会表现出异乎寻常的行为,称为霍桑效应,这种行为也会影响评价结果。

(三)其他因素

其他因素如失访因素、选择因素、回归因素等。

（程　伟）

本章小结　本章学习重点是如何利用健康咨询等方式,评估健康教育对象的学习需要及其影响因素,然后通过社会诊断、流行病学诊断、行为与环境诊断等步骤,开展健康教育诊断。难点是结合健康教育诊断,制订并实施健康教育计划,以及在实施过程中及时开展健康教育评价。学习过程中,要注意收集资料时沟通的技巧,在评价过程中要注意依据评价的类型与内容选择评价的指标和评价的方法,并注意控制混杂因素,客观评价健康教育效果。

❓ 思考与练习

1. 如何收集健康教育评估资料?
2. 开展健康教育诊断的基本步骤是什么?
3. 制订健康教育计划的步骤有哪些?
4. 实施健康教育计划中如何准备健康教育材料?
5. 开展健康教育评价中过程性评价的内容和指标有哪些?

第三章 ｜ 开展社区健康教育

03章 数字资源

学习目标

1. 具有一丝不苟、严谨求实的工作作风和服务群众、奉献社会的职业精神。
2. 掌握社区健康教育的概念和农村社区健康教育、城市社区健康教育、家庭健康教育的形式与方法。
3. 熟悉农村、城市社区健康教育和家庭健康教育的基本内容。
4. 了解社区健康教育的对象和意义。
5. 学会开展社区健康教育。

工作情境与任务

导入情境：

李爷爷，69岁，被诊断为原发性高血压5年，服用降压药但不规律，经常忘记服药。老伴健在。2位老年人居住在农村，饮食口味偏咸，不会使用智能手机，平时基本不看书或报纸，对高血压相关知识不了解。2个子女在外地工作，平时无暇回家照顾老人。

工作任务：

指出李爷爷存在的健康问题和行为，对其家庭开展健康教育。

随着社会的发展进步，人们对健康的需求日益增长。健康教育作为基本公共卫生服务的重要内容之一，在推进公众健康素养促进行动的开展、促进健康生活方式的形成、防治社区常见疾病中具有十分重要的意义。

第一节 认知社区健康教育

一、社区健康教育的概念

社区健康教育（community health education）指以社区为单位，以社区人群为教育对象，以维护和促进社区居民健康为目标，开展有目的、有计划、有组织、有评价的健康教育活动。

二、社区健康教育的对象

健康教育的对象不同，其教育的侧重点不同。为使健康教育内容更具有针对性，可将社区人群分为健康人群、高危人群、患病人群、患者家属及照顾者。

1. 健康人群　一般该人群在社区人群中所占比例最大，多因外表健康、尚未受到疾病影响，对健康教育关注度不高。对该人群进行健康教育，应侧重于保健知识的教育，如良好生活方式和定期体检的重要性、如何保持良好生活方式等。

2. 高危人群　指目前尚健康，但本身存在某些致病因素或不良行为及生活方式的人群。针对其中对疾病的家族史过分焦虑的人，健康教育主要是消除他们的思想顾虑，帮助其掌握自我保健的知识及技能；而针对有不良行为与生活方式的人，应侧重预防性健康教育，帮助其纠正不良行为和生活方式，预防疾病。

3. 患病人群　临床期、康复期等患者对健康教育较为关注，健康教育应侧重于医疗、康复知识的教育，帮助他们积极配合治疗，自觉进行康复训练。对于临终患者，应帮助他们正确面对死亡。

4. 患者家属及照顾者　该人群与患者的接触时间长，常因长期照护患者而产生身心疲惫。健康教育应侧重疾病相关知识、自我监测和家庭护理技能的教育。

三、社区健康教育的意义

1. 社区健康教育是疾病谱、死因顺位改变的必然　随着生活水平的提高，寿命的延长，居民的生活方式的改变，疾病谱和死因顺位也发生了变化。慢性非传染性疾病和恶性肿瘤已成为威胁居民健康和生命的主要疾病，这些疾病的主要危险因素是不健康的行为和生活方式。通过在社区开展健康教育和行为干预，帮助社区居民树立健康意识，改变不健康的行为与生活方式，建立健康的行为和生活方式，才能预防、延缓或减少这些疾病的发生。

2. 社区健康教育是初级卫生保健的重要内容　WHO 在 1978 年第 30 届世界卫生大

会上提出的全球健康战略目标是"实施初级卫生保健",而健康教育则是实施初级卫生保健最基本的重要内容,发挥着宣传、动员、组织和协调作用;健康教育为初级卫生保健服务,初级卫生保健的实施离不开健康教育工作。

3. 社区健康教育是提高居民自我保健技能的有效途径 社区居民为了维护和增进健康,提高预防和治疗疾病的能力,需要树立自我保健观念,采取必要的卫生行为,建立良好生活习惯和生活方式。社区健康教育能帮助居民建立正确的健康观,促进个人和家庭参与社区的健康活动,发挥主观能动作用,提高健康责任感。

4. 社区健康教育是构建和谐社区的重要保障 健康教育是建设精神文明和公民素质教育的重要组成部分。通过健康教育,提高社区人群的卫生水平,倡导健康文明的生活方式,为社区的和谐发展提供保障。

第二节　开展农村社区健康教育

农村社区指聚居在一定地域范围内的农村居民,在农业生产方式基础上所组成的社会生活共同体。我国是农业大国,2022年2月国家统计局《中华人民共和国2021年国民经济和社会发展统计公报》显示:2021年年末全国人口141 260万人,其中乡村人口49 835万人,占全国总人口的45.3%。农村社区地域广阔,人口分布稀疏,居民所从事的职业以农业(农耕、畜牧业)为主,先进科学技术的普及和应用程度较低。为提高农村社区居民的健康意识,增进农村社区居民的健康水平,有必要根据农村社区的结构与特点,开展健康教育。

一、农村社区健康教育的基本内容

(一)树立正确的卫生观和健康观

在我国,部分农村居民存在相对落后的观念和行为习惯,预防疾病观念淡漠,自我保健意识不强,严重影响了身心健康。因此,必须加强农村社区健康教育,帮助居民树立正确的健康观、卫生观,提高自我保健的意识和技能。

(二)农村常见疾病防治的宣传教育

1. 传染病及寄生虫病的防治知识 由于我国农村部分居民自我保健意识和卫生习惯较为缺乏,导致各种疾病,特别是传染病、寄生虫病的发病率较高。

(1)重点疾病:流行性感冒、痢疾、病毒性肝炎、蛔虫病、钩虫病、狂犬病等。

(2)具体内容:从实际出发,针对这些疾病的分布及影响因素,提出控制或消灭传染源、切断传播途径、保护易感人群的策略与措施,以及开展预防接种、隔离与消毒、杀虫灭鼠(蟑螂)、搞好公共卫生等活动。

2. 慢性非传染性疾病的防治知识 由于医疗卫生事业在农村的发展,疾病谱和死因顺位在农村社区也发生了变化,慢性非传染性疾病危害着居民的健康。

（1）重点疾病:高血压、冠心病、脑卒中、糖尿病、慢性阻塞性肺疾病、恶性肿瘤等。

（2）具体内容:危险因素（致病因素）、疾病的危害、防治措施、行为干预、合理用药、家庭护理等。

3. 地方病的防治知识

（1）重点疾病

1）地球化学性疾病:又称化学元素性地方病,是由于地质或水中某些元素含量不适合人体需要（过多、过少、比例失调）所引起的疾病,如碘缺乏病、地方性氟中毒、地方性砷中毒、克山病等。

2）自然疫源性疾病:又称生物源性地方病,指某些疾病的病原体在自然界野生动物中长期保存并造成动物疾病流行,在一定条件下人类进入该地区可受到感染,如疟疾、狂犬病、丝虫病、登革热、乙型脑炎等。

（2）具体内容:致病因素、疾病危害、预防措施、合理用药、改善环境等。

 知识窗

我国防治碘缺乏病成效显著

我国曾是碘缺乏病流行较广泛和严重的国家之一。20 世纪 70—80 年代,全国由缺碘所致地方性甲状腺肿患者约 3 500 万人。1991 年我国政府向国际社会承诺到 2000 年实现消除碘缺乏病。自 1994 年起设立"防治碘缺乏病日",定期进行碘缺乏病防治知识的宣传教育活动。1995 年普遍食盐加碘以后,先后开展 7 次全国碘缺乏病监测。2000 年全国基本实现消除碘缺乏病目标,90% 以上的人口摆脱了碘缺乏的危害,至今我国持续保持消除碘缺乏病状态。2015 年,全国 94.2% 的县实现消除碘缺乏病目标。自 2016 年以来,我国每年开展以县为单位的全覆盖监测,结果显示,人群碘营养总体处于适宜范围。

这个案例体现了我国医药卫生事业为人民健康服务的宗旨和以人为本,把维护人民健康权益放在第一位的原则。

（三）与农业劳动相关疾病的防治知识

1. 重点疾病　农田中暑、农药中毒、寄生虫病、意外伤害等。

2. 具体内容　农药的种类、保管、使用的方法,农药中毒、农田中暑、农田寄生虫病的临床表现、预防措施,发生突发事件或中毒时群众自救与互救等知识与技能。

（四）移风易俗,改善不良卫生习惯

1. 移风易俗　如有些农村社区流传一些不利于健康的传统习俗:产妇产后一月内卧床休息、禁洗头/洗澡/刷牙、禁吃水果等。现在生活环境条件已明显改善,应移风易俗,

结合当地实际情况，开展产后妇女健康教育，如产后合理饮食、充分休息、适当运动等，促进产后恢复。

2. 指导农村社区居民养成良好的卫生习惯和行为

（1）个体行为：常洗澡洗头、勤剪指甲、早晚刷牙、"一人一巾一牙刷"、生吃瓜果要洗净、不随地吐痰、不随地大小便、饭前便后洗手等。

（2）群体行为：家禽（畜）圈养、人畜分开、粪便无害化处理、农药化肥远离食物与水源、厨房有排烟设施、灶具碗筷干净、居室整洁通风等。

（五）农村环境卫生和环境保护

随着农村居民的卫生意识、环保意识日益增强，加强农村社区的环境卫生建设、环境保护等的知识和技能的培训刻不容缓，重点是村宅建设与规划、饮用水卫生、厨房排烟设施的建造、卫生厕所的建造、圈养禽（畜）、粪便及垃圾的集中和无害化处理、乡镇工（企）业的"工业三废"综合治理等。

（六）开展免疫规划工作

免疫规划工作是预防和控制传染病的有效方法，要在农村社区积极开展免疫规划有关知识的健康教育及预防接种工作，使农村居民认识到实施预防接种的重要性，提高免疫防病的自觉性，提高建卡（证）率、疫苗接种率，降低传染病的发病率和死亡率。

（七）关注留守老人和儿童的身心健康

针对留守老人可在社区组建老人娱乐场所，帮助老年人多交流、谈心，消除孤独感；落实医保政策，解决老年人患病就医的后顾之忧；对儿童，除家庭教育、学校教育外，应动员多方力量，共同关注儿童的身心健康成长。

二、农村社区健康教育的形式与方法

（一）农村社区健康教育的形式

1. 开发和利用农村传播媒介　结合不同时期或季节群众关心的健康或卫生问题，利用农村有线广播网、电视等媒体反复播出。

2. 健康教育专栏　利用黑板报、墙报、画廊等传统的传播形式，将健康或卫生知识编成口诀、故事，绘成年画、壁画等形式，易于群众接受。

3. 科普下乡及医疗健康街头咨询　利用农村、集市贸易等人群相对集中、人流量大的机会，将健康科普知识编成地方戏曲、民歌等形式，开展健康教育宣传活动，也可开展与医疗义诊相结合的健康教育街头咨询活动。

4. 标语、横幅　结合健康宣传日和重大节日，通过标语、横幅等形式开展健康教育。

5. 其他形式　如健康教育图书阅览室、健康知识视频、健康教育处方、健康文体活动等。

健康教育处方

健康教育处方是一种有效的个体化非医疗干预手段,主要为基层医务人员提供适用、易操作的工具,引导基层医务人员科学、规范、有效、精准地提供健康教育服务。在诊疗时或随访时,医务人员根据患者具体情况勾选适宜条目,出具个体化的健康教育处方,并通过面对面地讲解,指导患者遵医嘱治疗和做好日常健康管理,预防小病变大病,改善生活质量。

为贯彻健康中国行动要求,中国健康教育中心组织相关领域专家开发了《健康教育处方》(2020 年版),主要覆盖 45 种疾病,包括 13 种慢性病、10 种传染病和地方病、10 种妇女疾病和 12 种儿童青少年疾病。

(二)农村社区健康教育的方法

1. 开展"农村居民健康教育行动" 针对农村当前的主要卫生问题,将农村居民普遍需要的科学卫生知识制作成系列专题音像制品,向农村居民普及卫生保健知识,增强其自我保健意识和能力,提高农村居民的卫生知识知晓率和卫生行为形成率。

2. 开展"卫生科普入户"活动 结合健康教育普及和精神文明建设内容,制订卫生户或文明户的标准,规范农村居民言行,改变不健康的习惯。将健康教育材料印成卫生传单、小册子、卫生日历、对联等发到每一户,不但可提高健康教育知晓率,还可促进居民健康行为的形成。

3. 加强改水改厕 农村的饮水卫生和粪便管理与农民日常生活密切相关,通过改水、改厕、健康教育三位一体的策略,将供水、环境卫生和个人卫生结合起来,改变农民不良的卫生观念和卫生习惯,改善农村卫生环境,降低因不良卫生习惯和行为引起的肠道传染病和寄生虫病的发病率和感染率,提高农村居民的健康水平。

4. 开展健康教育 乡镇的医务人员利用接诊、治疗、护理等医疗活动,对患者及其家属进行疾病的健康教育和指导。

5. 创建"健康村、镇" 通过创建"健康村、镇"活动,在农村居民健康教育组织、人员培训、媒体传播、经费落实等方面明确要求,使农村健康教育进一步制度化、规范化。通过举办"健康教育学校""孕妇学校""家庭主妇学校"等,对不同人群开展相应的健康保健知识培训,促进健康行为的形成。

第三节　开展城市社区健康教育

一、城市社区健康教育的基本内容

随着我国经济和现代化建设的发展，城市的现代化进程在不断加快，居民的健康意识和健康行为也在不断加强与改善，在城市社区开展健康教育刻不容缓。

（一）健康观念

1. 卫生法律、法规教育　大力普及卫生法律、法规教育，有利于提高社区居民的卫生法治意识和卫生道德观念，有助于社区卫生管理和精神文明建设。

2. 健康意识教育　健康意识主要指个人和群体对健康的认知态度和价值观念。健康意识教育主要包括现代健康的概念；健康对人类生存和发展的重要性；政府、社区、家庭和个人有能力维护个体和社会的健康等。

（二）健康知识

1. 身体保健知识　重要器官（如心、肺、肝、胃、肾）的位置、生理功能与保健；口腔与眼睛的保健。

2. 疾病防治知识教育

（1）高血压、冠心病、脑卒中、恶性肿瘤、糖尿病等慢性非传染性疾病的预防、症状和体征、治疗、护理、康复，其中预防知识是教育的重点。主要内容是提倡戒烟限酒、合理膳食、适量运动、定期健康检查、积极参加健康咨询、疾病普查普治、遵从医嘱、坚持早期治疗等健康行为和生活方式。

（2）各种急性传染病的症状、预防、隔离、消毒、疫情报告等知识，其中艾滋病、病毒性肝炎等传染性疾病是目前严重危害群众健康的传染病，应加强对其传染源、传播途径和防治方法的宣传教育。

（3）家庭急救与护理包括冠心病、脑卒中急性发作、触电、溺水、煤气中毒的急救，心肺复苏的操作方法，烧伤、烫伤、跌打损伤等意外事故的简单处理。

（4）各种常见病的预防和早期治疗知识。

3. 生活卫生知识教育

（1）饮食与营养卫生：包括合理搭配饮食，食物的科学烹调，饮食定时定量，碘盐的保管与食用，餐具的消毒，食物的贮存，厌食、偏食、暴饮暴食等不良饮食习惯对健康的影响，食物中毒的预防知识等。

健康饮食搭配

根据中国营养学会发布的《中国居民膳食指南（2022）》建议，一般成年人每人每天进食食物种类及数量：谷类200～300g，其中包含全谷物和杂豆类50～150g；蔬菜300～500g、水果200～350g；鱼、禽、蛋类和瘦肉120～200g（每周至少2次水产品、每天1个鸡蛋）；奶及奶制品300～500g、大豆及坚果类25～35g；盐5g以下、油25～30g、糖50g。水1 500～1 700ml。每天活动6 000步。

（2）日常生活卫生常识：按时作息，规律工作、学习、娱乐、劳动、运动的知识；室内采光、通风、温度、湿度对健康的影响；厨房、厕所卫生等。

（3）家庭用药和医学常识：包括常用药的保管和服用方法；体温计、血压计的使用方法等。

（4）四害防治：苍蝇、老鼠、蚊子、蟑螂等有害生物的生活习性、对健康的危害、防治方法。

4. 心理卫生知识教育　包括心理状态与健康和疾病的关系；如何调节情绪，保持心理平衡；如何防止和消除紧张刺激；如何保持家庭和睦与良好的人际关系；如何教育子女。

5. 安全教育　对社区居民进行安全教育，教育居民提高自我防护意识，注意安全防护，自觉使用安全设施，可以降低和防止意外事故的发生。

6. 中老年保健知识教育　中老年保健知识教育包括中老年人的生理和心理特点，中老年人的饮食、运动、学习、工作、娱乐、休息等方面的保健知识，中老年人常见疾病防治知识等。

7. 生殖健康教育　生殖健康教育包括生殖卫生、优生优育优教知识；妇女月经期、围婚期、孕期、产褥期、哺乳期和围绝经期的生理特点和保健知识；妇科常见疾病防治知识等。

8. 环境保护知识教育　环境对健康的影响；生活垃圾的处理；噪声、空气污染对人体健康的危害等。

9. 卫生服务指南　了解并自觉利用医疗卫生服务机构、疾病预防控制机构等提供的卫生服务，主动参与健康普查、健康咨询、健康教育、健康促进活动，主动接受预防接种等。

（三）健康行为

1. 个体行为　饭前便后洗手，每天早晚刷牙，定期洗澡、理发、剪指甲，服装整洁，勤晒被褥，不乱扔垃圾、不随地吐痰，合理膳食，坚持锻炼等。

2. 群体行为　室内整洁，无蚊、蝇、老鼠、蟑螂等，空气新鲜；办公室内有禁止吸烟标志，不设烟具；厨房通风良好、灶具干净、碗筷干净、生熟食品分开；厕所无臭味、无蝇，便池无尿碱，地面、门窗、墙壁、灯具、洗手池清洁；遵守交通规则，避免意外事故，积极组织有益于身心健康的文娱体育活动。

二、城市社区健康教育的形式与方法

（一）城市社区健康教育的形式

1. 健康宣传栏　利用街道、单位或公司的墙报、橱窗、电子屏幕等把卫生知识编成简单易行、图文并茂、内容可经常更换的宣传材料，开展卫生宣传。

2. 发放健康科普资料　将健康、保健知识与技能由健康教育专业部门编印成健康知识宣传单、小册子等向社区居民发放，使社区居民获取准确、系统的健康知识并随时学习。

3. 健康科普讲座　结合当地实际，针对社区居民关心、与居民健康密切相关的健康问题，如心脑血管疾病、糖尿病的防治知识，心理卫生知识等，通过讲座的形式进行普及。其特点是规模可大可小，主题明确，可就一个问题详细阐述，听众可获得较系统的知识。应注意讲座内容的通俗性和科学性，以达成最佳效果。

4. 召开座谈会　座谈会一般由 10～20 人参加，就某一专题进行讨论。其特点是针对性强、议题集中，讨论问题深入细致。

5. 健康科普知识有奖竞赛　知识有奖竞赛是一种参与人数多，普及面广，社会影响大，能够充分调动参与者积极性的教育形式。但组织工作难度较大，需要一定的经费投入。组织时要注意竞赛题目命题的科学性、竞赛规则的严密性及参加者的广泛性。

6. 健康科普展览　利用展示、陈列的形式，把卫生知识通过通俗化、形象化、艺术化的手段表现出来。展览时一般需要标本、照片、模型、视频等多种媒介，技术要求高，所以展览时要求主题明确、内容集中，要配有文字说明，最好配备讲解人员。

7. 全民健身活动　组织居民利用清晨或傍晚在街头或社区广场，开展健身操、广场舞等群众性文体活动，既可丰富社区文化，又可引导群众积极参加体育健身运动，增进健康。

8. 开办居民健康教育学校　近年来，由社区与医疗机构合作开办的如"婚育学校""孕妇学校""糖尿病之家"等健康教育学校是较好的健康教育形式。教学内容可结合本社区实际，制订教学计划，通过双向教育，以提高教学效果。

9. 开展应急培训及演练　由政府相关部门组织专业技术机构、驻街单位及居委会的居民就热点健康问题、突发公共卫生事件等开展专题卫生知识培训及应急演练。相关人员做到应知应会，熟练掌握，并通过应急演练，做到迅速反应、正确处置。

（二）城市社区健康教育的方法

1. 争取领导支持　城市居民对健康的重视、居民健康水平的提高是城市进步和文明的标志之一，要积极争取政府领导的支持，由政府牵头组织、协调各职能部门，通过行政立法、监督检查等实行规范化管理，对城市社区健康教育做出具体规定，动员和指导社区健康教育的各项活动开展。

2. 发展社区卫生服务中的健康教育　社区卫生服务是以居民的健康为中心，以社区为范围，以家庭为单位，以妇女、儿童、老年人和残疾人为重点服务对象，融预防、医疗、保健、康复、健康教育等为一体的有效、经济、方便、综合、连续的基层卫生服务。健康教育是社区卫生服务内容之一，社区护士是健康教育最直接和最有效的实施者之一。

3. 开展健康教育活动　创建卫生城市、慢性病综合防控示范区等活动是城市管理和城市文明建设的重要内容，而城市居民健康教育的普及率、自我保健水平和公共卫生道德水平的提高，又是衡量创建国家卫生城市等的重要指标。城市社区以此为契机调整、部署社区健康教育内容，使两者有机地结合起来。

4. 普及医学科学知识　充分利用报纸、广播、电视、电影、网络等媒体开展健康教育宣传，向社区居民普及医学科学知识；建立固定的宣传阵地，如宣传橱窗、宣传栏、电子屏幕等，定期更换宣传内容；在社区学校、文化宫等场所组织不同形式的活动，在活动中开展健康教育。

5. 建立健康教育示范小区　在突破传统的卫生宣传模式，开创社区健康教育过程中，建立健康教育示范小区，抓好典型，发挥以点带面指导全局的重要作用。

第四节　开展家庭健康教育

一、家庭健康教育的基本内容

健康教育者应综合考虑家庭对其成员健康与疾病的影响，根据家庭中实际存在的问题，向家庭成员进行有针对性的健康教育。内容主要涉及以下几个方面：

1. 家庭结构　根据对家庭结构的评估，对家庭内部结构中存在的各要素间的问题，如沟通问题、角色问题或健康观问题等，给予正确的指导，从而促进家庭内部关系的和谐，使家庭结构对有健康问题的个体产生良好的影响。

2. 家庭功能　家庭功能（特别是卫生保健功能方面）存在问题的，对该家庭的成员进行健康与疾病观的教育，提供有关健康饮食、睡眠与休息、活动与娱乐、用药、家庭自我照顾等保健知识，从而帮助家庭充分发挥其在卫生保健方面的功能。

3. 家庭发展周期　根据家庭所处的发展阶段，提供关于家庭生长、发展和适应的知识信息，从而帮助家庭预防或应对即将或已经发生的家庭成长发展危机。

4. 家庭压力　通过对家庭压力以及资源的评估，帮助家庭识别其所面临的压力，提供各种应对策略，并发掘家庭所能利用的各种内、外资源，以缓解家庭成员的压力反应，减少压力对家庭成员健康的影响。

5. 家庭内患病个体　了解家庭内患病个体的疾病防护知识与技能，以便个体能够从家庭中获得适当的医疗照顾。

二、家庭健康教育的形式与方法

1. 建立健康档案　建立家庭健康档案和家庭成员的个人健康档案,有助于全面了解和掌握其健康状况及相关信息,如个人一般情况记录、健康问题等,有助于医务人员为健康服务对象提供医疗服务与管理。

2. 健康知识的宣传和讲授　最常见的方式是发放宣传资料和组织讲座,如发放合理膳食宣传折页、开展糖尿病并发症防治讲座等。

3. 健康饮食指导　根据健康教育对象的健康状况进行饮食指导,根据不同的疾病制订相应的饮食处方,使健康教育对象及其家属掌握饮食保健的常识与方法。

4. 日常生活指导　指导家属做好日常生活照护,如为卧床患者沐浴、床上擦浴等;指导家属做好居家康复患者的家庭康复训练,如功能锻炼、日常生活活动能力训练等;指导家庭护理意外事件(如烫伤、跌倒、噎呛等)发生时的相关急救技能;此外,还应教会患者或其家属掌握测量体温、脉搏、呼吸、血压、血糖的方法及上述指标的正常值范围。

5. 运动与锻炼指导　指导家庭健康教育对象科学地进行体育锻炼。锻炼身体时应注意选择各关节、各肌肉都能活动的全身项目,以有氧运动为宜。

6. 生活方式指导　根据健康教育对象的个体差异和家庭健康教育对象及其家属共同商讨健康教育目标与生活方式指导方案的制订。

7. 用药指导　对于需要每天服用药物的居家患者的家庭,应帮助患者按时按量、合理用药,并为患者及其家属提供用药的注意事项、不良反应的自我观察与处理等相关指导,督促形成良好的用药行为。

8. 心理护理　根据家庭健康教育对象的心理特点,采取有针对性的心理辅导,使其了解自身的健康状况,并给予其情绪上的支持,使其能够以积极有效的方法应对和处理问题。

(任彩红)

本章小结　　本章学习重点是社区健康教育的概念,农村、城市社区健康教育的形式与方法,家庭健康教育的方法。学习难点为社区居民开展健康教育、针对不同人群灵活运用健康教育方法。在学习过程中注意比较城市社区与农村社区健康教育的方法,总结城市社区与农村社区健康教育的重点内容。

思考与练习

1. 如何针对社区不同人群进行健康教育?
2. 社区健康教育的意义是什么?
3. 家庭健康教育有哪些形式和方法?

第四章 | 开展医院健康教育

04章 数字资源

1. 具有关心、理解患者疾苦,树立主动开展医院健康教育的职业意识和态度。
2. 掌握医院健康教育的概念、基本内容及实施。
3. 熟悉医院健康教育的途径与方法。
4. 了解医院健康教育的意义。
5. 学会在医院内开展健康教育活动。

 工作情境与任务

导入情境:

某医院内分泌科"糖友健康课堂"开课以来,深得广大糖尿病患者的欢迎,让患者既掌握了防治糖尿病的知识,又感受到医务人员的关爱,增强了战胜疾病的信心和决心。为进一步提高糖尿病患者的自我管理技能,降低并发症的发生率,准备由护士小王组织下个月的"糖友健康课堂"主题活动——防治糖尿病足。

工作任务:

和小王一起做好此次健康教育活动的准备工作。

随着医学模式与健康概念的转变,"医院是为患者治疗疾病的地方"的传统观念已逐渐被"医院是治疗疾病、促进健康的重要场所"的观念所替代。健康教育在我国医疗卫生体系中的地位和作用日益受到重视。通过开展医院健康教育,强调无病防病观念,提高全民(包括医务人员、患者和家属、社区居民)健康水平,是符合当前国情需要、具有重大意义的一项工作。

第一节 医院健康教育的概念、意义与内容

一、医院健康教育的概念

医院健康教育（hospital health education）指各级各类医疗卫生机构和人员在临床实践过程中，伴随医疗保健活动而实施的健康教育。狭义的医院健康教育是以患者为中心，针对患者及其家属和照顾者所实施的健康教育活动，其目标是通过对患者和患者家属以及照顾者的健康教育以促进患者个人的身心健康。而广义的医院健康教育是以健康为中心，以医疗保健机构为基础，为改善医务人员、患者及其家属和照顾者、社区居民的健康相关行为所进行的有组织、有计划、有目的的教育活动。医务人员不仅是实施健康教育的主体，同时也是健康教育的接受者。因此医务人员必须不断提高自我保健意识和能力，采纳健康行为，促进自身健康，才能更有效地成为实施健康教育的主体。

二、医院健康教育的意义

健康教育在医院中具有特殊的意义和作用。它贯穿于医疗、预防、护理以及管理工作的全过程，并深入到许多具体环节之中。它通过普及防病治病知识，宣传党和国家的卫生工作方针、政策以调动患者与健康人群防病治病的积极性，提高他们的自我保健能力，从而达到保障人民健康、服务社会的目的。

（一）医院健康教育是医疗服务的重要组成部分

健康教育在不少疾病的治疗过程中发挥主导作用。如在原发性高血压、冠心病、心律失常、支气管哮喘、消化性溃疡、神经性厌食、糖尿病等疾病中，健康教育可以起到心理治疗的作用，同时保证药物或其他治疗方法的效果。如常用的精神支持疗法、暗示疗法、精神（或心理）分析疗法和行为疗法、生物反馈疗法等，都属心理治疗的范畴，健康教育贯穿于整个治疗过程中并发挥着主导作用。

心理治疗是个体在情绪和认知上的调整过程，是个性上的重新塑造以及对客观环境变化的适应。从这个意义上讲，健康教育就起着心理治疗作用。比如患者或家属由于对疾病的不够了解，出现恐惧心理，表现为精神紧张、怀疑、焦虑、悲观、失望等情绪反应。这些反应都是心理异常的表现，常同时伴随生理上的异常反应。如果不及时消除这些异常反应，必然会影响治疗的顺利进行。健康教育可以对这些异常的心理变化进行调节，使患者或家属达到机体内部与环境的平衡。

（二）医院健康教育是密切医患关系和减少医疗纠纷的重要纽带

医患关系是医疗服务过程中形成的人际关系，如果这种关系不融洽，对疾病的防治效果将产生直接影响，对患者及其家属的心理状态也会产生不良影响。患者如果不信任

医生，就不可能告知疾病相关的真实情况，从而延误诊治或者不采纳医生的治疗方案，影响治疗效果或导致医疗事故。

在医院开展健康教育，有助于强化医务人员的服务意识，使医务人员在接诊中对患者开展疾病防控知识的教育，同时以亲切的语言、规范的服务，给予患者温暖和关爱，从而患者对医务人员产生了信赖感、增强了安全感。融洽的医患关系促进医患双方相互理解、相互信任，医疗效果和医疗质量就会提高，医疗事故和医疗纠纷将会减少。

（三）医院健康教育是精神文明建设的重要环节

医院是提供医疗卫生服务的场所，同时是精神文明建设的"窗口"。良好的医疗秩序不仅来源于医院健全的规章制度，还需要专人向患者及其家属介绍医院的制度、病区的管理等，取得他们的主动合作和自觉遵守。此外，医院健康教育有助于广大医务人员保持良好的医德医风，提高社会对医疗质量的满意度，进而推动整个社会的精神文明建设。

（四）医院健康教育是降低医疗成本，提高社会效益的有效途径

医院健康教育促进医患关系的和谐发展、医德医风建设和医疗质量提高，降低患者的医疗成本。如对慢性病患者加强健康教育，使其掌握一定的慢性病的治疗和预防知识，他们就可以不住院或少住院，降低其医疗成本，而医院在不增加医疗设备和病床的基础上，可以为更多的患者服务。健康教育可以提高患者和全社会人群的健康知识水平、自我保健能力，改变不良行为生活方式，降低疾病危险因素，减少疾病的发生，提高整个民族身体素质。

三、医院健康教育的基本内容

医院健康教育包括医务人员的入职健康教育、对医院新开展技术项目规范化培训和疾病防治知识教育。

（一）医务人员岗前培训

职业分级防护制度、职业道德培训是医务人员岗前培训中健康教育的重点内容。

1. 医务人员职业分级防护制度　指根据《医院感染管理办法》《医院隔离技术规范》《医疗机构消毒技术规范》涉及的防护制度，包含职业暴露、医院感染管理、医务人员面对不同患者如何采取不同防护措施等内容。医务人员只有掌握并落实好职业分级防护制度，才能在确保自身安全的前提下更好地去服务他人。

2. 医务人员职业道德　指医务人员在进行医疗活动中所应当遵循的特定的职业行为规范。医德是在医疗机构工作的人员（以直接面向患者的医护人员为主体）在整个医疗职业活动中应遵循的行为规范和准则，它涉及医务人员职业活动中与患者的关系，也涉及医务人员相互之间、医务人员与社会之间的关系。良好的医患关系是建立在医务人员高尚的职业道德基础之上的，因此是医院健康教育必不可少的一项内容。

（二）医院新开展技术项目规范化培训

医院新开展技术项目规范化培训是对医务人员进行的一项重要的健康教育内容。它既能规范医务人员的职业行为，避免或减少医疗纠纷，又能促进新技术项目的顺利开展。

（三）疾病防治及一般卫生知识的宣传教育

由于疾病和健康问题的种类繁多、致病因素复杂、患者的个体差异，每一种疾病及其相关的健康问题均可组成一套完整的教育内容，如危险因素控制、预防、治疗、康复、家庭护理、自我保健常识等。围绕医疗业务活动的主要教育内容：就诊知识、常见疾病防治知识、传染病防治知识、辅助检查知识、合理用药知识、优生优育知识、个人及家庭卫生常识。

开展卫生知识宣传教育的基本要点：充分利用开展医疗保健服务的场所和时机，针对教育对象需求选择教育内容，选择最容易理解和接受的方式将健康知识传递给人民群众。

（四）心理卫生教育

心理因素对疾病的发生、发展与转归有着重要的影响和作用。良好的心理状态有利于调动患者的主观能动性、稳定病情、延缓恶化、促进身心健康、提高患者的生存质量。在某些疾病如肿瘤、神经精神疾病的治疗过程中，心理卫生教育有其特殊的功效。医务人员应研究患者心理，了解不同类型患者，如急性、慢性、危重、濒死患者的心理问题和心理需要，制订具体的心理治疗、心理护理措施，给予必要的心理卫生指导，使患者在治疗和康复的过程中始终处于最佳心理状态。心理卫生教育应掌握如下重点：

1. 教育患者正确对待疾病，帮助患者树立战胜疾病、早日康复的信念。

2. 针对不同类型患者心理特点和心理需求，介绍有关疾病防治知识和心理保健方法，消除异常心理和心理负担，提高自我心理保健能力。

3. 对患者家属及照顾者开展保护性医疗原则教育，指导他们在精神上给患者以支持和鼓励，避免恶性刺激。

4. 对癌症晚期患者及其家属开展临终关怀，使其正视病痛，提高生存质量。

（五）健康相关行为干预

在医院健康教育中，行为干预指在传播卫生保健知识的基础上，有计划、有目的、有针对性地协助患者或有特定健康行为问题的人学习和掌握必要的技能，改变不良行为生活习惯，采纳健康行为。

1. 矫正个人的不良心理反应引发的行为，如对冠心病患者进行解除压力的放松训练及控制 A 型行为；对有悲观、消极心理活动的癌症晚期患者进行心理咨询和疏导。

2. 矫正个人不良的行为生活方式以降低疾病和意外伤害的危险因素，如针对糖尿病患者的膳食指导、戒烟及减肥训练。

3. 指导教育对象学习和掌握新的技能，建立健康行为模式，如教会新生儿母亲如何进行母乳喂养。

4. 实施从医行为指导，增强患者对医嘱的依从性，如向高血压患者宣教高血压防治相关的从医行为包括发现病情变化及时就医、遵医嘱坚持药物和非药物治疗。

第二节 医院健康教育的途径、方法与实施

一、医院健康教育的途径

在医院开展健康教育活动，医务人员既是健康教育的承担者，也是接受者。医务人员就职业性质而言，是为患者治病、帮助其恢复健康，同时与其他职业一样，面临来自社会的各种压力。所以，医务人员的身心健康不容忽视，同样需要通过接受健康教育，改变不良行为生活方式、缓解工作压力。因此，医院健康教育可针对医务人员、患者及家属和照顾者、社区居民三种人群通过不同途径开展。

（一）对医务人员的健康教育

医务人员是开展医院健康教育的主体。如果他们不了解健康教育学的理论、方法和原则，很难有效地开展健康教育活动，对患者或健康人的健康教育活动也就无从谈起。因此，医院健康教育不仅仅是医务人员对患者进行健康教育，还包括医院中专业的健康教育人员对医务人员的健康教育。

1. 专职健康教育骨干的培训 系统学习健康教育理论、方法和原则，学习社会医学、行为科学、管理科学、心理学、美学等与健康教育相关的科学理论，具备较强的沟通能力，具备健康咨询的能力和技巧，具备实施健康教育的能力，能够对医务人员开展健康教育知识和技能的培训。

2. 职前教育和在职教育 将健康教育学纳入医务人员继续教育内容中，通过健康教育知识培训、专题讲座等形式，普及疾病的健康教育知识和技能，提高开展健康教育工作的主动性和积极性。

3. 职业防护知识和新技术项目培训 职业防护是每一位医务人员必须熟练掌握的技能，特别是在不明原因、突发疾病面前，做好标准预防是确保生命安全的有效措施。保持院内医务人员新技术项目培训常态化，是保证医务人员职业安全且积极开展新技术的双赢举措。

 知识窗

标准预防

标准预防指对所有患者的血液、体液及被血液、体液污染的物品视为具有传染性的病源物质，医务人员在接触这些物质时必须采取防护措施。实施标准预防的目的是既要防止患者将疾病传播给医务人员，也要防止医务人员将疾病传播给患者。

标准预防的定义中含有3个基本概念：

1. 隔离对象　将患者和患者的所有血液、体液、分泌物、排泄物视为有传染性，需要隔离。

2. 防护　实施双向防护。

3. 隔离措施　根据传播途径，建立接触、空气、飞沫隔离措施。其重点是手卫生。

标准预防是针对所有为患者实施诊断、治疗、护理等操作的全过程，不论患者是否确诊或可疑感染传染病，都要采取标准预防。

（二）对患者及家属和照顾者的健康教育

医院健康教育对患者及家属和照顾者的健康教育，可通过患者来医院就诊、住院或康复出院等途径开展。

1. 门诊教育　指对患者在门诊诊疗过程中进行的健康教育。由于门诊患者人数多、人群复杂、流动性大、滞留时间短，个体情况和要求不同，所以，门诊健康教育要抓住门诊就医过程的主要环节，针对共性的问题，简明扼要地实施教育活动。

（1）候诊教育：指在患者候诊期间，针对就诊知识和该诊室常见疾病所进行的健康教育。候诊教育的主要形式是墙壁悬挂宣传栏、黑板报、宣传标语牌、闭路电视。候诊教育既能使患者了解一些就诊知识，还可以起到稳定患者情绪、维持候诊区良好秩序的作用。

（2）随诊教育：指医务人员的诊疗过程中，根据病情对患者进行简短的讲解、指导和发放常见病的健康教育处方。

（3）门诊咨询教育：设置门诊咨询台，由医务人员对门诊患者及其家属提出的有关疾病与健康的问题进行解答，还承担对疾病的分类和导医职能。

（4）门诊专题讲座及培训班：以预约门诊形式，定期将患有相同疾病的患者，需接受相同保健服务的人集合起来，进行有关疾病的系统讲座、行为指导和技能培训。其适用于妇幼保健、老年保健及慢性病患者。

（5）健康教育处方：是以医嘱形式提供的健康教育文字材料，针对某种疾病的特点，对患者进行防治知识、用药及生活方式方面的指导。

2. 住院教育　指患者在住院治疗期间接受的健康教育。由于患者住院时间较长，增进了医患、护患之间的相互了解，使健康教育活动得以有计划、有组织地开展。住院患者一般病情较重，心理变化较大，更需要有及时的、针对性的健康教育指导。住院教育包括入院教育、病房教育和出院教育。

（1）入院教育：是患者入院时由医务人员向患者及家属和照顾者进行的健康教育。首先，由护理人员向患者及家属和照顾者介绍有关住院的规章制度、主治医生、医疗服务内容及病房环境和病友，对患者及家属和照顾者进行必要的安慰。其次，医生在首次接诊患者时，向患者及家属和照顾者说明病情、检查安排、初步诊断和治疗方案。入院教育旨在使患者和陪护人员尽快熟悉住院环境，稳定情绪，遵守住院制度，积极配合治疗。

（2）病房教育：是患者在住院期间进行的健康教育工作，是住院教育的重点。其主要针对患者及家属和照顾者的需求，开展医患、护患之间"一对一"的交谈教育、强化教育和行为干预。医务人员应向患者及家属和照顾者举办讲座，教育内容可较系统深入，如对于高血压患者，可以就高血压的危险因素、发病机制、并发症、生活起居、饮食、运动、自测血压技术、依从性等一系列的内容举办讲座。护理人员应对患者及家属进行健康教育评估，随时接受住院患者及家属和照顾者的咨询，并将其列入病史记录。

3. 康复出院教育　在患者出院前以口头谈话或健康教育处方形式向患者及家属和照顾者说明住院治疗的结果、疾病现状和预后，提出继续用药和定期复查等注意事项，进行出院后的行为生活方式的改变和家庭护理方面的指导。使患者在出院后能够巩固住院治疗的效果，防止疾病复发和意外情况的发生，恢复健康。同时，还应征求患者及家属和照顾者对医院和医务人员的意见，不断改进医院的疾病治疗和健康教育工作。

（三）对社区居民的健康教育

医院服务范围逐步扩大，医院健康教育也向社区辐射，在社区开展健康教育活动。

1. 社区健康教育　医院经常开展一些疾病的普查普治，如癌症普查、婚前筛查，以及地方病、眼病的普查普治等。而健康教育是普查普治中不可缺少的一项工作，它不仅有助于普查普治工作本身，而且在疾病的预防与治疗方面也具有重要作用。应当把健康教育纳入普查工作的常规内容，指定专人负责，在当地医疗卫生主管部门及健康教育机构的指导下，以医疗保健人员为主体，发挥其专业优势，以社区居民为健康教育对象，使用居民喜闻乐见的传播方式，如举办科普讲座、开设健康教育网站、与电视和广播媒体合作开辟健康教育专栏、组织康复俱乐部等，开展丰富多彩的预防保健知识、技能的普及活动。

2. 随访健康教育　是住院教育的延伸，主要对象是需长期接受指导的慢性病患者。其主要通过电话咨询等方式，对患者病情发展、心理、行为、生活方式等给予长期、动态的健康咨询和指导。

3. 社会性宣传教育　对全社会进行健康宣传教育是医院健康教育工作的一个重要社会责任。医院根据当地卫生行政部门的部署和要求及医院本身业务发展的需要，向社会人群进行健康知识普及性教育，如积极为当地报纸、刊物（包括卫生报刊）、电台、电视台撰写卫生科普稿件；定期到社区义诊，进行健康知识宣传，发放常见病预防知识资料；参加各种社会健康教育活动，如在各种健康日、发生重大疫情和突发公共卫生事件的情况下组织医务人员走向街头和深入社区，举办健康教育大讲堂、培训班等。

二、医院健康教育的方法

医院健康教育既要面对患者，也要面对健康者；既要面对个人，也要面对人群。因此，医院健康教育所采取的方法不仅是人与人之间直接的健康知识传播，还要充分利用大众传播媒介进行健康知识传播。

（一）健康教育知识的人际传播

1. 一对一交谈　包括咨询、访谈、劝导、指导等。如医务人员可在对患者实施治疗操作的过程中，针对不同疾病的患者进行健康指导，包括患病的原因及其防控、药物治疗与手术治疗等方法的异同等。还可随时解答患者的咨询，使患者在接受治疗的过程中对自己所患疾病、用药目的、药物的治疗作用和毒副作用、用药注意事项都有所了解，主动配合治疗。

2. 举办专题讲座　由医务人员对患者和健康人群就某疾病或健康知识在医院或社区举办专题讲座。该方法能系统地讲授知识，使受教育者对一般健康知识或有关疾病的预防及护理措施有较全面的了解，为其在治疗、护理和防控上的观念、态度、行为的转变奠定基础。当举办专题讲座时，必须依据受教育者的需要确定内容。例如，通过社区调查评估发现，某社区内糖尿病患者较多，且对饮食治疗不甚了解，那么在该社区开展糖尿病患者饮食治疗的专题讲座就会起到很好的效果。

3. 讨论　讨论是以小组或群体沟通的形式进行有关健康信息的沟通，可使参与者就其某个健康问题相互学习、相互帮助，达到相互促进、共同提高的目的。

4. 示范性教育　由医务人员对某种治疗、康复手法的示范性操作，包括家庭医疗仪器的示范和保健健康锻炼方法的示范等。如在社区进行"腰椎间盘突出症"的健康教育，腰椎间盘突出症患者在通过手法治疗、牵引治疗和综合物理治疗，症状和体征好转后进入康复期，健康教育工作者可以指导患者进行腰背肌、腹肌的肌力训练和下肢的一般训练，向患者介绍、演示腰背肌功能锻炼的方法。医务人员通过现场示范和指导，让患者正确掌握手法和操作方法，如指导糖尿病患者自测血糖及自行注射胰岛素，指导腹膜透析患者进行居家透析，手术前指导患者训练术后的卧位、排痰、咳嗽、手语的方法等。

（二）健康教育知识的媒介传播

1. 纸质化媒介　指通过书面的形式呈现知识内容的媒介，包括报纸、杂志、版报、宣传册、海报、卡片等。可将较多的健康教育信息浓缩成精练的科普短文和图片印制其上。其优点是制作简单，便于更换、发放和保存，费用不高，可反复使用等。如正确的母乳喂养姿势、儿童意外事故的预防、戒烟的方法、酗酒的危害等教育都可用这种形式。

2. 多媒体化教育　现代科技飞速发展，社区健康教育应该紧密联系科技，借助科技的力量传播知识。可以让家庭拷贝健康教育课件或视频回家学习，或者共同观看视频和录像；也可以组建同种疾病微信学习群或通过医院公众号宣传栏目进行常见病、多发病的知识宣传。

三、医院健康教育的实施

（一）评估健康教育需求

1. 院内医务人员　由医院健康教育专业人员通过调查或平时的观察，掌握院内医务人员的健康需求。如对医务人员进行"工作心理压力专题调查""男性医务人员吸烟行为因素调查""医院内影响健康因素调查"等。

2. 门诊和住院患者　可通过与患者及患者家属交谈、查阅病历、观察患者或者倾听患者之间的谈话等方法获得。评估患者的健康教育需求内容：患者对所患疾病的认知程度，是否急切想知道疾病产生的原因；是否愿意配合医务人员治疗；是否了解自己所患疾病的诊断结果、治疗方法及该如何配合治疗；患者的卫生观念和习惯；患者家属有无协助治疗的技能等。如果患者有多种需求，还应该进一步分析哪种需求对疾病的治疗最有利，针对患者的知识和能力提供哪些健康教育最适宜。

（二）明确健康教育诊断，制订健康教育计划

通过健康教育需求的调查和评估，如果发现需求是多方面、多层次的，应该选择优先需求或项目，确定准备进行健康教育的诊断，制订健康教育计划。在制订计划前，必须有明确的总体目标和具体目标。具体目标一般应包括"六要素"，即谁实施、对谁实施、达到什么变化、何时实现变化、变化程度、如何测量变化。

为了保证计划的实施，医院还必须制订相应的制度，如检查考核制度、奖惩制度、会议制度、登记制度等。这些制度最好与整个医疗的业务、技术、管理等规章制度结合在一起，这样既便于执行，又有利于其融合于医院整体管理工作之中，从而使健康教育达到常态化。

（三）实施健康教育计划

健康教育计划的实施是健康教育最重要的步骤。然而在计划实施过程中，受教育者在与健康教育工作者共同完成健康教育计划每一个目标时，印象最深刻和感觉最重要的常常不是目标的实现，而是健康教育工作者的态度。因此在进行健康教育时，除考虑可能遇到的困难和教育计划是否按进度实施外，最重要的就是健康教育工作者的态度及与受教育者谈话的技巧。

（四）健康教育效果评价

评价是评审教育活动的结果，对教育目标的达标率和健康教育活动取得的效果做出客观判断的过程。评价包括过程评价和效果评价。过程评价是健康教育工作者根据实时的情况变化，随时修正原有计划，确保计划目标正确地实施和完成的评价；效果评价是对在健康教育计划预期目标完成的效果进行的评价。评价教育方法包括教育的时机是否适合；教育者是否称职；教育材料是否适宜（准确、通俗）；教育方法是否得当；教育进度、教育目标是否实现等。

（侯淡君）

本章小结

　　本章学习重点是掌握广义的医院健康教育的概念、医院健康教育的基本内容。学习难点是学会如何开展医院健康教育。在学习过程中注意理论联系实际，理解医院健康教育的必要性，根据实际情况提高开展医院健康教育的能力。

思考与练习

1. 什么是医院健康教育?
2. 开展医院健康教育的意义在哪里?
3. 医院健康教育的内容有哪些?
4. 如何开展医院健康教育?

05章 数字资源

1. 具有关心患者疾苦的同理心和帮助患者控制疾病、提高生活质量的意识。
2. 掌握高血压、糖尿病、慢性阻塞性肺疾病的健康教育与干预要点。
3. 熟悉冠状动脉粥样硬化性心脏病、恶性肿瘤、烟草成瘾的健康教育与干预要点。
4. 了解高血压、冠状动脉粥样硬化性心脏病、糖尿病、慢性阻塞性肺疾病、恶性肿瘤、烟草成瘾对健康的危害。
5. 学会根据患者的实际情况制订并实施可行的健康教育计划。

工作情境与任务

导入情境：

王叔叔，52岁，农民，患高血压10余年，最高220/120mmHg，无明显症状，未规律用药，否认其他病史，吸烟20年（20支/d），父亲有高血压脑出血病史。

工作任务：

为王叔叔制订一份健康教育与干预的社区管理计划并实施干预。

第一节　开展高血压的健康教育

一、高血压对健康的危害

高血压分为原发性高血压和继发性高血压，因为社区护理干预主要针对原发性高血压，所以本节主要探讨原发性高血压。原发性高血压是一种常见病、多发病，在各种心血管疾病中患病率最高。高血压对心、脑、肾等器官造成损害，易引起严重的并发症，是脑卒中和冠心病的重要危险因素。《中国居民营养与慢性病状况报告（2020年）》调查指出，中国18岁及以上居民高血压患病率为27.5%，有关研究表明严重肥胖者的高血压发病率高达50%以上。《中国高血压防治指南（2021年修订版）》显示，我国约有1.3亿高血压患者不知道自己患有高血压，在已知自己患有高血压的人群中，约有3000万没有治疗。由于原发性高血压通常症状隐匿，大部分人并不知道自己患有高血压，在不知不觉中处于危险状态，因此原发性高血压应及时发现，尽早治疗，减少并发症发生。

（一）高血压对身体的危害

1. 对心脏的影响　据上海、北京等地的调查，冠心病患者中62.9%～93.6%有高血压病史。高血压所致的冠心病是血压正常者的2～4倍，且血压水平越高、患病的年限越长，患冠心病的危险性越大，冠状动脉病变程度也越重。由于血压长期偏高，左心室负担加重，导致左心室逐渐肥厚、扩张，经过多年可形成高血压心脏病。

2. 对脑的影响　高血压可引起脑出血、高血压脑病和脑梗死等。由于脑血管结构比较薄弱，在发生硬化时更为脆弱，容易在血压波动时出现痉挛，继而破裂导致脑出血，所以脑出血是高血压晚期最常见的并发症。来自全世界不同地区的多项研究资料几乎一致认为，高血压是引起脑卒中的首要原因。

3. 对肾脏的影响　高血压患者如果不控制血压，可以出现轻、中度肾小动脉硬化。肾脏有极丰富的毛细血管网，微细的管道在长期高压的影响下发生硬化、狭窄、功能损害，从而使肾脏排泄功能下降，体内毒物蓄积，最终发生肾衰竭。

综上所述，高血压若得不到及时有效的控制，心、脑、肾等重要器官就会受到致命性打击，从而产生严重的并发症。

（二）高血压的危险因素

高血压的危险因素比较多，原发性高血压可能与遗传因素、性别、年龄都有关系。不良的生活习惯如高盐高脂肪饮食、吸烟、大量饮酒、缺乏运动、久坐、精神高度紧张、不规律作息等也能促进高血压的发生。建议居民改善不良的生活习惯，在日常生活中控制好体重，戒烟戒酒，坚持规律的运动，不宜久坐。一旦发现高血压，应根据高血压的分级来决定是否加用药物治疗，如果是1级或2级高血压，可以先通过改善不良的生活习惯来观察是否能降压。

二、高血压的健康教育与干预措施

我国高血压流行存在"三高"（患病率高、死亡率高、残疾率高）、"三低"（知晓率低、治疗率低、控制率低）、"三不"（不规律服药、不难受不吃药、不爱吃药）等特点。面对这种情况，医护人员应更新观念，调整对策，变被动为主动，将工作重心从单纯治疗向健康教育、康复等综合防治转化。

（一）社区防治

国内外经验表明，控制高血压最有效的方法是社区防治。社区防治应采用"高危人群策略"（对高血压患者进行检出、治疗，减少并发症）和"全人群策略"（对全体人群进行预防，减少发病）相结合的方法。社区高血压防治计划的根本目的：在社区人群中实施以健康教育和健康促进为主导，以高血压防治为重点的干预措施，提高整个人群的健康水平和生活质量。其主要目标是在一般人群中预防高血压的发生；在高危人群中降低血压水平，提高高血压患者的管理率、服药率和控制率，减少并发症的发生。

1. 组织形式和实施　根据我国国情和社会经济发展特点及以往经验，社区防治通常的组织形式是由当地政府（区、县、乡政府）领导、主管部门（卫生健康委员会、医院等）领导和专业人员以及基层社区组织（街道、村）和卫生人员组成三结合的防治网。社区防治计划应当融入本社区的社会生活中去，并使各种防治活动成为当地常规卫生工作的一部分。全社区和个人的参与是防治计划成功的关键。防治网主要工作范围：

（1）健康教育：利用各种渠道（如讲座、健康教育画廊、专栏、板报、广播、播放视频、张贴和发放健康教育材料等），宣传普及健康知识，提高社区人群对高血压及其危险因素的认识，提高健康意识；根据不同场所（居民社区、机关、企事业单位、学校等）人群的特点，开展健康教育活动；开展调查，对社区的不同人群，提供相应的健康教育内容和行为指导。主要方法是面对面的教育（常用于高危人群）和利用媒体（常用于全人群）进行教育。

（2）人员培训：包括对专业人员的培训和非专业人员的培训。

对专业人员的培训：主要通过举办高血压防治新进展学习班和研讨会，使专业人员能不断更新知识，及时掌握最新的研究进展和治疗方法。社区控制计划的领导人（高级研究人员）还应掌握更全面的防治技能，这包括对社区基本情况和人口、疾病以及危险因素的了解；制订防治计划，内容包括背景、目标、策略、干预活动、评估和经费预算等；宣教材料的设计和制作；调查统计方法；计划效果评价。

对非专业人员的培训：重点讲述防治计划的目的、意义及教给他们测量血压的标准方法。高血压患者的家属及照顾者应该了解更多关于高血压的知识。

（3）改变不良环境：不良环境指对人们健康有害的自然环境（如污染）和社会环境（主要是不良生活方式，如吸烟、大量饮酒、暴饮暴食、脂肪和盐摄入过多、缺少运动和精神压力过大等）。改变环境要靠政府行为和个人行为两方面结合起来。政府行为包括有关的政策、法规和制度，如公共场所禁止吸烟的法规，首诊患者测血压制度，开展"世界无烟日""全国高血压日"等活动，通过健康教育提高卫生知识水平，树立健康理念，改变不良生活习惯和行为，以及培养良好的自我保健行为和方法。如指导居民低盐低脂饮食、戒烟限酒、锻炼身体、保持愉快的心情，养成良好的生活习惯及正确的自我保健行为与方法。

（4）高血压患者的检出、治疗和随访：通过对社区中的成年人（主要是35岁以上）进行血压筛查，既可以进行大范围的健康教育，也可以对高血压患者及时进行治疗和随访。

应采取所有可能的措施,确保高血压患者得到有效的治疗,使其收缩压和舒张压逐步地、谨慎地降低,达到预期的目标值并予以维持。要详细做好随访记录(血压值、服药不良反应等)。原则上用药物治疗的高血压患者应终身服药,但经治疗后血压降至正常,撤药后无反弹者可以在严格监测的情况下减药或停药。如血压回升应及时恢复用药。治疗和随访工作最好能融入日常卫生保健工作中。

2. 评估

(1)信息:①基本资料,包括人口数和分布,干预前后危险因素水平,政策环境情况,干预实施的有利和不利因素;②进行各种活动的记录,包括活动的名称、时间、地点、参加人数和结果等;③疾病和行为监测资料;④患者管理前后随访资料。

(2)常用评价指标:①政策环境改变实施情况的指标;②干预执行的次数、范围和质量;③干预活动参与率和覆盖率;④人群对高血压防治的知识、态度和行为改变率;⑤高血压患者的随访管理率、治疗率、服药率和控制率;⑥疾病(重点是冠心病和脑卒中)发病和死亡监测结果;⑦危险因素(主要是血脂、吸烟、体重和运动等)监测结果;⑧患者医疗费用的增减。

(3)生活方式指导评价:①人群对高血压的知晓率、测压率、服药率、控制率是否升高;②目标人群中高血压患者的血压水平是否下降;③高血压患者是否减少药物剂量或种类;④心血管病的其他危险因素的水平是否下降;⑤人群中与高血压有关的心血管病如脑卒中、冠心病等的发病率、死亡率是否降低。

(二)不同人群的健康指导与干预

1. 正常人群 健康教育主要内容:①什么是高血压,高血压的危险因素及危害;②定期监测血压;③高血压是可以预防的。

2. 高血压易患人群 指有下列情况者:①血压高值(收缩压130～139mmHg和/或舒张压85～89mmHg);②超重(BMI 24～27.9)或肥胖(BMI≥28),和/或腹型肥胖(男性腰围≥90cm,女性腰围≥85cm);③高血压家族史;④长期过量饮酒[饮白酒≥100ml/d(100g/d)];⑤年龄≥55岁;⑥长期高盐膳食。

通过社区宣传相关危险因素,提高高血压易患人群识别自身危险因素的能力;提高对高血压及其危险因素的认知,改变不良行为和生活习惯;提高对定期监测血压重要性的认识;积极干预相关危险因素(包括提倡健康生活方式,消除不利于心理和身体健康的行为和习惯);利用社区卫生服务机构对高血压易患个体进行教育,给予个体化的生活行为指导。

3. 对高血压患者的教育 教育患者正确认识高血压的危害,规范治疗以预防心脑血管病的发生;教育患者要坚持非药物疗法,改变不良生活方式;教育患者要坚持规范化药物治疗;降压治疗要达标;教育患者要定期在家或到诊室测量血压。

提倡高血压患者自我管理,在专业人员的指导下,可以社区居委会为单位组织或患者自发组织管理小组,学习健康知识和防治知识,交流经验,提高高血压的管理效果。

家庭血压监测方法

在进行家庭血压监测时，一般推荐使用经过验证的上臂式全自动或半自动电子血压计。

血压测量步骤：①被测者取坐位，至少安静休息5分钟后开始测量；②测量时裸露上臂，上臂与心脏(乳头)处于同一水平；③将袖带紧贴缚于上臂，袖带下缘在肘弯上2.5cm；④测压时不讲话，不活动肢体，保持安静。

测量方案：建议每天早晨和晚上测量血压，每次测2~3遍，取平均值；血压控制平稳者，可每周测量1次血压。最好能够详细记录每次测量血压的日期、时间以及血压数值，而不是只记录平均值。应尽可能向医生提供完整的血压记录。

对于精神高度焦虑的患者，不建议自测血压。

第二节 开展冠状动脉粥样硬化性心脏病的健康教育

一、冠状动脉粥样硬化性心脏病对健康的危害

冠状动脉粥样硬化性心脏病简称冠心病，指冠状动脉粥样硬化使管腔发生堵塞或功能性的改变，心肌缺血、缺氧或梗死的一种心脏病。《中国心血管健康与疾病报告(2019)》指出，2019年我国患心血管疾病的人数为3.3亿，其中脑卒中位居榜首占1 300万，冠心病居第二位占1 100万，今后10年患者数仍然会继续增长。目前，以脑卒中、冠心病为首的心脑血管疾病，由于发病率高，死亡率高，严重危害人群健康，被称为"人类的第一杀手"。

（一）冠心病对身体的危害

1. 发生心绞痛　冠心病导致患者冠状动脉狭窄(如超过70%时)或心肌耗氧量增加，冠脉血流量供小于求，导致心肌细胞缺血缺氧，发生心绞痛。患者常表现为前胸压榨性、阵发性疼痛，可辐射至心前区和左上肢。长期劳累、情绪激动、饱餐、寒冷刺激、天气变化、急性循环衰竭等为常见诱因。

2. 发生急性心肌梗死　急性心肌梗死是冠心病最严重的类型。由于动脉斑块的形成，在长期熬夜、情绪激动、过度劳累、寒冷空气等诱因下，动脉斑块更容易发生破裂，堵塞冠状动脉，造成冠状动脉持续的供血障碍，心肌细胞出现缺血缺氧的症状，最后诱发心肌梗死。曾有专家这样描述"一旦发生心肌梗死，关键要把握抢救的黄金时间。心肌细胞一旦缺血受损，是不可逆的。对心肌梗死患者来说，时间就是生命。"

3. 发生心律失常　当心绞痛或急性心肌梗死时，由于心肌缺血、缺氧和坏死，可发生

各种心律失常。常见的心律失常有室性心动过速、室性期前收缩、房室传导阻滞等。患者常有头晕、眼花、心悸、脉搏间歇性停顿等表现，严重者可发生心室颤动，患者迅速意识丧失、全身抽搐，如不及时抢救可导致死亡。

4. 发生心衰　心肌细胞长期缺血缺氧后，心肌发生重构，导致心脏容积扩大，射血时间延长，出现心衰，严重影响生活质量。

5. 发生猝死　冠心病诱发扩大性心肌病变或急性心肌梗死的患者，常发生恶性心律失常如室性心动过速、室颤等，导致猝死。猝死患者往往没有心脏病史，部分患者仅有轻微心脏病症状，由于缺乏专业知识，绝大多数症状因缺乏特异性而被忽略。据报道，有相当一部分患者在发病时没有前期症状，有超过一半的病例在发病1小时内死亡。

（二）冠心病的危险因素

1. 年龄与性别　冠心病发病率在40岁后显著升高，女性绝经期前低于男性，绝经期后与男性接近。

2. 高血脂　脂质代谢紊乱是冠心病重要预测因素。总胆固醇（TC）和低密度脂蛋白（LDL）水平，与冠心病的发生有着重要的联系。LDL水平每升高1%，个体患冠心病的危险性增加2%～3%。

3. 高血压　高血压与冠心病的形成和发生关系密切。当收缩压处于140～149mmHg，舒张压处于90～94mmHg，个体患冠心病的概率比正常血压范围增加2～3倍。

4. 吸烟　烟雾中的烟碱、尼古丁、一氧化碳等有害物质极大地增加了心血管疾病的风险。

5. 运动　不爱运动的人冠心病的发生率和死亡率比爱运动的人高1倍。

6. 其他　遗传因素、糖尿病、肥胖、饮酒、环境因素等。

二、冠状动脉粥样硬化性心脏病的健康教育与干预措施

（一）预防和控制冠心病的健康教育

1. 合理膳食　冠心病患者多数伴有高脂血症及肥胖症，因此在冠心病的防治中不可忽视饮食疗法，只有将饮食、运动及药物疗法紧密结合起来，才能有效预防和控制冠心病的发生。冠心病患者饮食应坚持"三低二高一优"的总体原则，控制总热量，给予低脂、低胆固醇、低盐、高维生素、高纤维素和富含优质蛋白的饮食。冠心病患者饮食的基本原则：①维持热量平衡，避免摄入过多能量造成超重或肥胖，BMI值维持在18.5～23.9之间；②控制动物脂肪，以植物油为主，摄入植物油与动物油的比例大于2:1，胆固醇的摄入量低于200mg/d；③增加植物蛋白质尤其是大豆蛋白质的摄入，增加富含优质蛋白的深海食物：鱼、虾、海米等的摄入；④限制碳水化合物的过量摄入，少吃甜食；⑤多吃富含各种维生素和食物纤维的水果和蔬菜；⑥限制食盐摄入量，控制在3～5g/d；⑦膳食清淡，不饮浓茶、咖啡。

2. 适当运动　适当的运动能放松患者的心情、帮助患者调理身体,是治疗过程中不可或缺的部分。运动时需注意:①冠心病患者最佳的运动方式是有氧运动,如慢跑、游泳、快走、太极拳、骑自行车等。这些有氧运动可以锻炼冠心病患者的心、肺等器官,促进血液循环,使冠状动脉的血液供应得到强化,有利于病变心肌恢复,还可以协助患者排出血管壁上的胆固醇,使动脉硬化的程度降低。②运动应循序渐进,先从小的运动量开始,保持合适的心率,适应后再慢慢地增加运动量。患过冠心病、心绞痛的患者运动时最高心率要控制在 110 次 /min,40 岁以上的冠心病患者运动时最高心率应控制在 120 次 /min。③遵循 FITT 原则,包括运动频率(frequency)、强度(intensity)、形式(type)和时间(time)。有氧运动每周至少 3～5 次,最好每周 7 次;抗阻运动、柔韧性运动每周 2～3 次,至少间隔 1 天。④运动前做好心脏检查,冠心病患者要在安全的前提下进行锻炼,必要时在医生陪同下进行。如果在运动锻炼的过程中出现身体不适,应马上停止锻炼,向医生求助。

3. 良好的生活习惯　注意控制情绪,遇事不急躁,保持积极乐观的情绪,避免过度紧张及不良的环境刺激。注意规律的生活,保证充足的睡眠,适当午睡可以减少冠心病的发病率。注意保暖,随天气变化及时增减衣物,冬季避免寒冷刺激。戒烟戒酒,保持大便通畅。

(二)患者自我监测

冠心病的自我监测主要依据患者的症状来判断,如在劳累或情绪精神紧张时出现胸骨后方或心前区压榨性疼痛,并辐射至左上肢,维持时间可持续数分钟;在体力劳动或运动时出现胸闷、心悸、气短等症状;饱餐后、受到寒冷刺激时出现胸痛、心悸等症状;夜晚睡觉时,枕头放低会感到胸闷、憋气,需要调高枕位才会感到舒适;用力排便时出现心慌、头晕、胸闷等症状;听到噪声时会出现心慌、气短、胸闷等症状;反复出现心律不齐,不明原因的心动过速或心动过缓等。如果出现以上情况,则考虑可能是冠心病发作,此时患者应及时去医院就诊,在医生指导下做相应的检查和治疗,以免耽误病情。

(三)指导患者合理用药

治疗冠心病的药物有多种,大部分存在严重的不良反应,患者在治疗过程中应遵守医嘱服药,不能擅自减小或加大药量,如有任何不适及时就医,定期复诊。同时冠心病患者应随身携带硝酸甘油等药物,确保药物处于有效期内,一旦出现心绞痛应立即含服。当服用硝酸甘油时应先用少量水湿润口腔,再将药物放入舌下含服,每 5 分钟可重复 1 次,直至疼痛有效缓解。如果患者 15 分钟内连续服用了 3 次药物,而症状没有缓解,应立即送往医院就医。

第三节　开展糖尿病的健康教育

一、糖尿病对健康的危害

糖尿病是一组以慢性血糖增高为特征的代谢性疾病，是因胰岛素分泌或作用缺陷引起的糖、脂肪和蛋白质代谢紊乱的一种终身性疾病。《中国 2 型糖尿病防治指南（2020 年版）》显示，随着人们生活水平的不断提高和生活方式的改变，糖尿病的发病率呈逐年上升趋势，2015—2017 年达到 11.2%，患病人群中 2 型糖尿病占 90% 以上。糖尿病的知晓率（36.5%）、治疗率（32.2%）和控制率（49.2%）有所改善，但仍处于低水平。目前，糖尿病已成为我国继肿瘤、心血管疾病之后的第三大严重危害人类健康的疾病，也是全世界非常关注的卫生问题之一。

（一）糖尿病对身体的危害

1. 对心脑血管的危害　糖尿病致命性并发症是心脑血管病，主要体现在主动脉、脑动脉粥样硬化和广泛小血管内皮增生及毛细血管基膜增厚的微血管糖尿病病变。糖尿病患者心、脑血管病的发病率和病死率为非糖尿病患者的 3.5 倍。

2. 对肾脏的危害　糖尿病容易导致糖尿病肾病，使肾动脉硬化、肾小球硬化，并逐渐发展为肾功能减退甚至肾衰竭。糖尿病导致的肾衰竭是一般肾病的 26 倍。

3. 对周围血管的危害　糖尿病对周围血管的危害主要以肢体动脉为主。糖尿病患者由于血糖升高，可引起周围血管发生病变，引发局部组织对损伤因素的敏感性降低。表现为下肢疼痛，供血不足可引发肢端坏死，甚至导致截肢。

4. 对神经的危害　神经病变是糖尿病致死、致残的重要原因。糖尿病神经病变最常见为周围神经病变和自主神经病变。周围神经病变主要表现为四肢末梢麻木、冰冷刺痛等；而自主神经病变主要表现为无汗、少汗或者多汗等。

5. 对眼的危害　主要表现为糖尿病性视网膜病变和糖尿病性白内障，轻者视力下降，重者可引起失明。据调查，糖尿病是 20 岁以上患者失明的最主要原因。另外，糖尿病还能引起青光眼及其他眼病。

6. 对物质代谢的影响　由于糖尿病患者胰岛素相对或绝对缺乏，引起糖代谢严重紊乱，脂肪分解加速，酮体大量产生，组织未及时氧化，肺及肾也未及时调节排出酮体，血酮浓度明显增高，出现酮症酸中毒和高渗性非酮症昏迷，病死率极高，需紧急救治。

7. 引起感染　常见有皮肤感染反复发生，可导致败血症、真菌性阴道炎、泌尿系统感染（肾炎和膀胱炎）；容易感染结核分枝杆菌，一旦感染，蔓延广泛，易形成空洞，结核发病率比正常人高 5 倍。

总之，糖尿病的危害是多方面的。我国是糖尿病并发症发生最早、最多、最严重的国家，糖尿病病程 10 年以上的患者 78% 以上都有不同程度的并发症。

（二）糖尿病的危险因素

1. 遗传　糖尿病的发病受遗传因素的影响，在2型糖尿病中尤为明显，有糖尿病家族史者患糖尿病的概率高于普通人。

2. 年龄　45岁以上者是2型糖尿病高危人群。

3. 饮食　不合理膳食，饮食中高脂肪、胆固醇饮食破坏胰岛素的生成，是糖尿病的重要危险因素之一。

4. 肥胖或超重　肥胖是2型糖尿病的独立危险因素。

5. 特殊状态　患妊娠糖尿病或生产过巨大儿患糖尿病的概率高于普通人。

6. 锻炼　缺乏运动，久坐少动容易造成机体对胰岛素敏感性下降。

二、糖尿病的健康教育与干预措施

（一）普及相关防治知识

糖尿病健康教育最重要的是普及糖尿病相关知识，使群众了解糖尿病的症状，动员40岁以上或有糖尿病家族史者参加糖尿病筛查。每年的"世界糖尿病日"活动可以采取免费测血糖以及义诊、咨询等多种形式，将相关知识送到社区、送进家庭，以便尽早发现、尽早治疗糖尿病患者。

（二）积极治疗

一旦发现糖尿病，应积极治疗。糖尿病治疗的综合措施包括饮食、运动、药物、监测、教育5个方面。经过多年实践，这套措施被证实能有效控制血糖，提高糖尿病患者的生活质量。通过糖尿病俱乐部、宣讲会等形式，让糖尿病患者一起学习自我保健知识。活动内容包括：

1. 药物　目前糖尿病的治疗方法有多种形式，但不少患者认为自己能吃能睡没有病，不愿意按照医生的嘱咐按时服药；1型糖尿病唯一有效的药物是胰岛素，部分患者认为注射胰岛素麻烦，不愿意注射，以致延误治疗，引起并发症。医务人员应告知患者如不积极治疗，不把血糖控制在正常范围，将会产生许多严重的并发症。

2. 教育　由于糖尿病是终身性疾病，只能控制而无法完全治愈，许多患者会产生焦虑、悲观的思想，对疾病的治疗十分不利。糖尿病俱乐部可以组织一些文体活动，如下棋、绘画、书法和欣赏音乐等，帮助患者克服不良情绪，树立起战胜疾病的信心。

3. 饮食　饮食控制是治疗糖尿病的关键措施之一。必须帮助糖尿病患者学会制订食谱，并按食谱用餐。

4. 运动　运动可以增加肌肉对葡萄糖的摄取，增加胰岛素的敏感性。但是严重的糖尿病患者、有急性或严重并发症者不宜参加运动，血糖控制不好或波动很大的患者也不宜参加运动。

糖尿病患者运动前应到医院做一次全面的体检，并与专科医生一起讨论运动的方式。原则上，糖尿病患者应在餐后1小时左右进行运动。运动方法有3种类型：一是体力（耐力）锻炼（如散步、慢跑、骑自行车、游泳、划船等）；二是提高强度的锻炼（如健身操等）；三是韧性锻炼（如伸展运动、柔软运动等）。要教会糖尿病患者判断什么样的运动量合适，运动量适宜表现为运动后有微汗、轻松愉快、食欲及睡眠良好；虽然有肌肉酸痛，但休息后第2天恢复良好、精力充沛，而且还有运动的愿望。

5. 监测　糖尿病的治疗不同于其他疾病，患者的药物剂量和饮食必须随血糖浓度改变而改变。糖尿病患者最好学会检测血糖。目前，适合家庭使用的血糖检测方法有快速血糖测定仪测量，这种方法快速、准确，但价格较贵；而试纸条比色法方便、便宜，但结果不够准确，患者可根据自身经济条件进行选择。

（三）预防并发症的指导

1. 让患者、家属及照顾者严格执行糖尿病患者的饮食及运动方案，了解糖尿病并发症的相关知识。

2. 定期进行血糖、尿糖监测，全面了解用药水平和控制水平。经常测血压，检查血脂，积极控制高血压和治疗高血脂，定期检查眼底、眼压，防止视网膜病变导致视力严重损害。

3. 鞋袜要合脚、卫生、透气，防止周围神经和血管病变致足损伤，洗脚注意水温、不使用电热毯、热水袋等，以免烫伤。

4. 如出现心慌出汗、恶心呕吐以及有明显的饥饿感等低血糖情况，应立即喝糖水和进食，防止低血糖的发生。由于各种原因停用降糖药物或饮食过量，诱发酮症酸中毒，出现倦怠、食欲缺乏甚至昏迷，应立即送医院进行救治。

 知识窗

糖尿病患者的自我管理

指在专业人员协助下，糖尿病患者承担一定的预防性和治疗性保健任务，在自我管理技能支持下进行自我保健。自我管理包括以下内容：

1. 树立健康观念　树立对自己健康负责和糖尿病可防可治的信念；与医生一起制订随访计划，并积极配合治疗。

2. 了解糖尿病相关知识　糖尿病及其并发症的知识；目前自己进行的治疗方案和随访计划；药物治疗的一般知识；血糖、血压、血脂、体重、糖化血红蛋白等指标的重要意义；非药物治疗的知识和意义；急性并发症的征兆；外出旅行注意事项。

3. 掌握自我管理技能　包括胰岛素注射技能，饮食、运动治疗的技能，自我监测血糖、血压的技能，紧急救护的求助和基本处理等。

（张文明）

第四节　开展慢性阻塞性肺疾病的健康教育

一、慢性阻塞性肺疾病对健康的危害

慢性阻塞性肺疾病（COPD），简称慢阻肺，是以持续气流受限为特征的肺部疾病，气流受限不完全可逆，且呈进行性发展，最终导致慢性肺源性心脏病、慢性呼吸衰竭等。慢阻肺是呼吸系统疾病中的常见病和多发病，根据"中国成人肺部健康研究"调查结果显示，2002 年至 2015 年间，我国慢阻肺患病率增长了 67%，20 岁及以上人群慢阻肺患病率超过 8.6%，40 岁以上人群患病率高达 13.7%。在我国，慢阻肺是导致慢性呼吸衰竭和慢性肺源性心脏病最常见的病因，约占全部病例的 80%。

（一）慢阻肺对身体的危害

1. 慢性咳嗽　患者常晨间咳嗽明显，夜间有阵咳或伴有排痰，随病程发展可逐渐加重。

2. 咳痰　一般为白色黏液或浆液性泡沫痰，偶可带血丝，清晨排痰较多。急性发作期痰量增多，可有脓性痰。

3. 气短或呼吸困难　进行性加重的呼吸困难是慢阻肺的标志性症状。早期在较剧烈活动时出现，逐渐加重，发展为在日常活动甚至休息时也感到气短。

4. 喘息和胸闷　部分患者特别是重度患者，急性加重期可出现喘息、胸闷等。

（二）慢阻肺的危险因素

1. 吸烟　吸烟是引起慢阻肺的主要原因之一。烟草中含有多种化学物质如焦油、尼古丁等，可造成气道黏液分泌增多，损害支气管上皮纤毛、影响纤毛运动，削弱肺巨噬细胞的吞噬、杀菌功能，降低局部抵抗力，还能诱发支气管痉挛和增加气道阻力。

2. 大气污染　氯、一氧化氮、二氧化氮等化学气体或烟雾，二氧化硅、煤尘、灰尘和部分农作物粉尘等，也对支气管有刺激和毒性作用，诱发慢阻肺。长期吸入汽车尾气、烟雾粉尘可引起慢阻肺发生。

3. 感染　鼻病毒、腺病毒、副流感病毒、乙型流感病毒等病毒，以及肺炎链球菌和流感杆菌等病原微生物是慢阻肺发生和加剧的重要因素。

4. 过敏　过敏因素与慢阻肺的发病有一定关系。

5. 其他　冷空气能引起黏液分泌增加，减弱支气管纤毛运动。另外，老年人喉头反射减弱、呼吸道防御功能差、维生素缺乏等原因也会导致慢阻肺发生。

二、慢性阻塞性肺疾病的健康教育与干预措施

慢阻肺患者需要做好长期自我管理，可在医生指导下戒烟、接种流感疫苗和肺炎球

菌疫苗、坚持长期规律用药、合理膳食、适量的康复训练、长期家庭氧疗等，这些措施均可有效减少急性加重和住院次数，维持病情稳定，提高生活质量。

（一）避免诱因

慢阻肺患者应戒烟并远离二手烟，不去空气污染较重的地方，雾霾天不外出。其中，戒烟、预防上呼吸道感染是预防慢阻肺的重要措施，也是减缓慢阻肺病情进展的重要手段。

（二）康复锻炼

患者应适度运动，如散步、慢跑、打太极拳、做健身操、踏车等，运动量循序渐进。可与耐寒锻炼相结合，能有效增强体质，改善气道通气能力，提高对外界气候变化的抵抗力，减少慢阻肺发作。

（三）腹式呼吸

腹式呼吸指由鼻深长而缓慢吸气，同时放松腹肌，腹部凸出，呼气时经口呼出，收缩腹肌，腹壁收缩，腹式呼吸可使肺泡得到锻炼，增强膈肌的收缩力，改善肺功能，增加肺活量，改善患者缺氧状态。

（四）密切监测

应密切监测病情变化和治疗反应。咳、痰、喘突然加重往往提示病情由稳定期突然转变为急性加重期，需要加强治疗。痰量增多，颜色变黄往往提示出现病原微生物感染。肺功能检查和血气分析对判断病情的严重性和指导治疗有重要参考价值。一旦发现有呼吸衰竭或右心衰竭时，应立即入院治疗。

（五）综合治疗

稳定期的综合治疗主要为健康教育、提高免疫功能、改善症状和减少并发症。康复锻炼有助于提高综合健康素质和免疫功能。慢阻肺存在低氧血症的患者，可考虑应用长期氧疗，每日持续时间不少于10小时。

 知识窗

肺功能检查

肺功能检查是肺部疾病最常用、最简便且最有效的功能诊断和筛查方法，能直观、客观地反映肺部变化。肺功能检测通过检测肺活量（VC）、用力肺活量（FVC）、最大呼气中期流量（MMF）、第一秒用力呼气量（FEV1）、一秒率（FEV1/FVC）、残气量（RV）等，检查肺功能及呼吸运动有无异常征象。肺功能检查对身体无损伤，无痛苦和不适，具有敏感度高、重复检测方便和患者易于接受等优点。应重视肺功能检查，尤其是40岁以上且有吸烟史的人群，更要定期监测肺功能。

第五节　开展恶性肿瘤的健康教育

一、恶性肿瘤对健康的危害

恶性肿瘤是严重危害人类健康的重大疾病之一，据世界卫生组织国际癌症研究机构（IARC）发布的2020年全球最新癌症负担数据显示，2020年中国新发癌症病例457万例，癌症死亡病例300万例。我国对癌症的防治研究工作已经取得了很大的进展，但由于一些患者就医时已属中晚期，存在病情重、症状多、痛苦大、临床治愈率低的风险。

（一）恶性肿瘤对健康的危害

1. 阻塞和压迫　恶性肿瘤的阻塞压迫程度较高、发展迅速，如食管癌癌肿可堵塞食管，造成患者吞咽困难。

2. 破坏所在器官的结构和功能　如肝癌由于肝细胞破坏和肝内胆管阻塞，可引起全身性黄疸。

3. 侵袭破坏邻近器官　如食管癌可穿透食管壁，侵犯食管前面的气管，形成食管－气管瘘。

4. 坏死、出血、感染　恶性肿瘤生长迅速，癌组织常常因为供血不足而发生坏死，如果癌变组织侵犯血管，可引起出血，如鼻咽癌患者往往有鼻出血；肺癌患者常常合并肺部感染。

5. 疼痛　由于癌组织压迫或侵犯神经，可引起相应部位的疼痛，如晚期肝癌、胃癌都有剧烈疼痛。另外，癌症继发感染后，也可以引起疼痛。

6. 发热　肿瘤组织的代谢产物、坏死组织的分解产物，以及继发的细菌感染，都可以引起癌症患者发热，一般表现为中低度热。

7. 恶病质　指机体严重消瘦、无力、贫血和全身衰竭的状态，是癌症患者死亡的重要原因。

 知识窗

我国对恶性肿瘤的防治政策

恶性肿瘤是严重威胁人民群众健康的重大公共卫生问题。2019年，国家卫生健康委员会发布《健康中国行动——癌症防治实施方案（2019—2022）》，要求深入开展癌症防治工作。目前，我国癌症防控国家级中心平台已基本建成，癌症的早诊早治和用药保障及监测更加健全。每年都有新的抗癌药物纳入医保报销目录，大大地减轻了肿瘤患者的用药负担。

（二）恶性肿瘤的危险因素

目前，科学研究认定，恶性肿瘤是多种因素长期综合作用的结果。80%以上是由外在因素引起的，与环境因素及生活方式密切相关，如肺癌与吸烟有关，肝癌、食管癌与饮食有关，胃癌、宫颈癌与感染有关。癌症的主要危险因素包括吸烟、体重超重、肥胖或缺乏身体活动、过量饮酒；不健康饮食如水果和蔬菜摄入量长期过低；病毒或细菌感染（乙肝病毒、人乳头瘤病毒、幽门螺杆菌等）、职业中的致癌物质、长期焦虑等。

二、恶性肿瘤的健康教育与干预措施

（一）加强预防肿瘤的健康教育

流行病学研究发现，约40%的癌症患者与饮食习惯、食物加工、烹饪方法等因素有关，30%的癌症与生活习惯，特别是与吸烟、饮酒有关。只要坚持合理饮食、保持良好的生活方式，许多癌症是可以预防的。

1. 食物多样化　注意食物多样化，以植物性食物为主，应占每餐的2/3以上，植物性饮食应含有新鲜的蔬菜、水果、豆类和粗粮等。

2. 控制体重　避免体重过重或过轻，成年后要限制体重增减不超过5kg，超重或过度肥胖容易导致患子宫内膜癌、肾癌、肠癌的危险性增高。

3. 少吃熏烤食物　少吃直接在火上烧烤的鱼、肉等，烤鱼烤肉时应避免烧焦。食物最好采用煮、蒸、炒等烹调方式。

4. 多吃淀粉类食物　食物中的淀粉有预防结肠癌和直肠癌的作用，高纤维饮食可预防结肠癌、直肠癌、乳腺癌、胰腺癌。每天应吃600～800g各种谷类、豆类、植物类根茎。限制精制糖的摄入。

5. 多吃蔬菜水果　坚持每天吃400～850g各种蔬菜、水果，可使患癌症的危险性下降20%，建议每天吃5种或5种以上的蔬菜和水果。

6. 适量饮酒　经常饮酒可增加患口腔癌、咽喉癌、食管癌等的危险。

7. 减少红肉摄入量　红肉（如猪肉、牛肉）会增加结肠癌和直肠癌的发生危险率，每人每天摄入量应少于90g，最好用鱼肉和禽肉（如鸡肉、鸭肉）代替红肉。同时要限制高脂饮食，特别是动物脂肪的摄入。

8. 限制盐和调料　高盐饮食可增加胃癌的患病率，应限制腌制食品的摄入、控制盐和调料的使用。世界卫生组织建议每人每天食盐摄入量应小于5g。

9. 不吃保存过久的食物　不食用在常温下保存过久、可能受真菌毒素等污染的食物。

10. 坚持适当运动　每天应坚持锻炼30～60分钟，可选择快走或类似强度锻炼。

（二）定期体检

身体任何部位经久不愈的溃疡、摸到的肿块、不规则的阴道流血或分泌物增多、大便习惯改变或便血、无确定原因的消瘦等症状出现时，应提高警惕，及早就诊，以便早期发现、早期诊断、早期治疗。

（三）加强化疗期间患者的指导

1. 注意膳食营养　抗恶性肿瘤药可引起不同程度的食欲减退、恶心呕吐，甚至胃肠道溃疡。化疗期患者应少量多餐，同时避免过热、粗糙、酸、辣等刺激性食物，以防损伤胃黏膜。易引起胃肠道反应的药物，宜餐后或睡前给药，并同服镇静、止吐药。若明显影响进食，应补液或补充电解质，防止水、电解质平衡失调。

2. 严密观察血常规变化　多数抗肿瘤药有骨髓毒性，常见白细胞、血小板减少，甚至发生再生障碍性贫血。用药期间应定期检查血常规，若白细胞少于 $3.5 \times 10^9/L$ 应暂停治疗，必要时使用升白细胞药物，预防感染，注意保护性隔离等。

3. 监测药物的内脏器官毒性　应用有肝、肾毒性的药物期间，应注意监测肝、肾功能。铂类抗肿瘤药顺铂、卡铂等可导致肾功能损害。因此，化疗期间要鼓励患者多饮水。表柔比星等药物有心脏毒性，故用药前后应常规检查心电图，及时观察患者的脉搏、心律变化。

4. 做好口腔护理　保持口腔清洁，预防继发感染。

第六节　开展烟草成瘾的健康教育

一、烟草成瘾对健康的危害

成瘾指各种生理需要以外的超乎寻常的嗜好。吸烟是典型的成瘾行为。烟草流行是人类历史上最大的公共卫生挑战之一，《中国吸烟危害健康报告 2020》显示，我国吸烟人数超过 3 亿，我国每年 100 多万人因烟草失去生命，如果不采取有效行动，预计到 2030 年将增至每年 200 万人，到 2050 年增至每年 300 万人。

（一）烟草对吸烟者的危害

1. 导致呼吸系统疾病　吸烟可以导致慢性阻塞性肺疾病、呼吸系统感染、肺结核、多种间质性肺疾病，吸烟量越大，吸烟年限越长，疾病的发病风险越高。吸烟还可增加支气管哮喘、小气道功能异常、静脉血栓塞症、睡眠呼吸暂停、肺尘埃沉着病的发病风险。

2. 诱发心血管疾病　吸烟可以导致动脉粥样硬化、冠状动脉粥样硬化性心脏病、脑卒中、外周动脉疾病，吸烟量越大，吸烟年限越长，疾病的发病风险越高。有证据提示，吸烟可以增加高血压发病风险。

3. 导致糖尿病　吸烟可导致 2 型糖尿病，吸烟量越大，起始吸烟年龄越小，吸烟年限越长，发病风险越高。吸烟还可以增加糖尿病大血管和微血管并发症的发生风险。

4. 致癌　烟草烟雾中含有至少 69 种致癌物。吸烟不但是肺癌的重要致病因素之一（吸烟者患肺癌的危险性是不吸烟者的 13 倍），还与唇癌、舌癌、口腔癌、食管癌、胃癌等的发生都有关。研究表明，烟雾中的致癌物质还能通过胎盘影响胎儿，使子代的癌症发病率显著增高。

5. 影响睡眠质量　吸烟者睡眠时间比不吸烟者少，睡眠质量也较差。烟草中的尼古丁是影响睡眠的罪魁祸首。睡眠质量差让人在清醒后精神状态不佳；还有研究显示，如果习惯性睡眠质量差，可导致肥胖、糖尿病、心脏病等健康问题。

6. 影响生育功能　女性吸烟可引起月经紊乱、受孕困难、宫外孕，妊娠期妇女吸烟易引起自发性流产、胎儿发育迟缓和新生儿低体重。对于男性，烟草中的尼古丁可使精子数量减少，形态异常和活力下降，导致受孕机会减少；吸烟还可造成睾丸损伤、性功能减退，导致男性不育。

须特别重视的是，烟草对青少年健康危害更大。青少年吸烟会对多个系统特别是呼吸系统和心血管系统产生严重危害。烟草中的尼古丁对脑神经有害，会造成记忆力减退、精神不振等。尼古丁具有极强的成瘾性，一旦吸烟成瘾，很难戒断。青少年开始吸烟的年龄越早，成年后的吸烟量越大，烟草对其身体造成的危害就越大。

（二）烟草对被动吸烟者的危害

被动吸烟指不吸烟者无意或被动吸入由于烟草燃烧所产生的烟雾。被动吸烟暴露没有所谓的"安全水平"，短时间的被动吸烟也会对人体健康造成危害，即使使用排风扇、空调等通风装置也无法完全避免非吸烟者吸入烟雾。室内完全禁止吸烟是避免被动吸烟危害的唯一有效方法。

1. 对成年人健康的影响　烟草烟雾被非吸烟者吸入后，其中的化学物质会迅速到达肺部，经血液输送至身体的每一个器官，引起肺癌等恶性肿瘤、慢性阻塞性肺疾病、心脑血管病等严重疾病。

（1）冠心病：被动吸烟可导致致命性及非致命性心脏疾病。非吸烟者暴露于烟雾中数分钟，可对血脂、凝血系统（血小板）和动脉管壁功能造成急性不良影响，引起心脏疾病，使心脏疾病造成的死亡风险提高。

（2）肺癌：全球已有数十项研究证实被动吸烟与肺癌有关，家庭和工作场所的被动吸烟可导致非吸烟者罹患肺癌的风险增加20%～30%。

（3）乳腺癌：绝经前的女性被动吸烟会增加罹患乳腺癌的风险。

（4）呼吸道症状与疾病：研究数据显示，被动吸烟对慢性呼吸道疾病症状的发生及肺功能的下降有重要作用，可诱发或加剧成年人的支气管炎、慢性阻塞性肺疾病、哮喘。

2. 对儿童健康的影响

（1）呼吸道疾病：父亲或母亲吸烟均可导致儿童呼吸道疾病如支气管炎、肺炎发病风险增加。吸烟者子女出现咳嗽、咳痰和喘息等常见呼吸道症状的频率更高。

（2）哮喘：二手烟暴露可导致已患有哮喘的儿童病情加重，使未患哮喘的儿童哮喘发生率增高。

（3）肺功能降低：不论孕期母亲吸烟还是出生后的被动吸烟，都可造成儿童肺功能降低。

（4）中耳炎：被动吸烟可引起儿童中耳炎，如果处理不当可造成听力损伤。

二、烟草成瘾的健康教育与干预措施

世界卫生组织《烟草控制框架公约》是一部具有法律约束力的多边条约,2006 年 1 月 9 日在我国正式生效。2016 年颁布实施的《"健康中国 2030"规划纲要》,明确提出"全面推进控烟履约,加大控烟力度";2019 年 6 月发布了《健康中国行动(2019—2030 年)》,明确提出"2030 年 15 岁以上人群吸烟率降至 20%"的目标。2019 年 10 月,国家颁布的《关于进一步加强青少年控烟工作的通知》要求,进一步加强青少年控烟工作,营造青少年远离烟草烟雾的良好环境。

控烟的干预措施必须从群体出发而不是从单个吸烟者的角度考虑。在执行控烟措施中,应特别强调加强组织领导、多部门的合作。控烟的目标不仅在于创建"无烟单位",更重要的是要使吸烟者实现终生不吸烟。控烟措施必须强调综合性。

(一)强化青少年控烟宣传引导

引导青少年树立良好的健康观,牢固树立"自己是健康第一责任人"的观念,倡导青少年"拒绝第一支烟",成为"不吸烟、我健康、我时尚"的一代新人。

(二)其他措施

1. 立法 通过立法来建立社会屏障、保障人民健康是国际控烟的大趋势。我国各项有关烟草控制的法律、法规已相继出台,在一定程度上控制了烟草在我国的泛滥。

2011 年 3 月卫生部发布《公共场所卫生管理条例实施细则》,要求:"室内公共场所禁止吸烟。公共场所经营者应当设置醒目的禁止吸烟警语和标志。室外公共场所设置的吸烟区不得位于行人必经的通道上。公共场所不得设置自动售烟机。公共场所经营者应当开展吸烟危害健康的宣传,并配备专(兼)职人员对吸烟者进行劝阻。"

为保护青少年免遭烟草的危害,2020 年 10 月 17 日修订通过的《中华人民共和国未成年人保护法》明确规定"禁止向未成年人销售烟、酒""任何人不得在学校、幼儿园和其他未成年人集中活动的公共场所吸烟、饮酒"。

2. 开展多种形式的控烟活动 推进无烟医院、无烟商场、无烟街道、无烟学校等建设;利用每年"爱国卫生月"、5 月 31 日"世界无烟日"等开展大规模宣传教育活动;帮助吸烟者戒烟;全面禁止烟草广告、促销和赞助,应用有效的烟盒警示语。

(武 超)

本章小结

本章学习的重点是高血压、糖尿病、慢阻肺的健康教育与干预措施。学习难点为高血压的社区防治、预防糖尿病并发症的指导以及慢阻肺的危险因素。在学习过程中,应注意分析高血压、冠心病、糖尿病、慢阻肺、恶性肿瘤、烟草成瘾的危害,提高患者的危机意识和自我管理技能,充分调动患者防治疾病的积极性和主动性。

思考与练习

1. 如何开展高血压患者的健康教育?
2. 如何预防糖尿病的并发症?
3. 冠心病对健康有哪些危害?
4. 慢性阻塞性肺疾病的危险因素有哪些?

附　录

实　训　指　导

实训1　制订健康教育计划

【实训目的】

1. 具有为社区人群健康服务的精神及科学严谨的工作作风。

2. 掌握制订健康教育计划的步骤。

3. 学会健康教育评估及评价的主要方法。

【实训准备】

1. 教师准备　教学环境准备;编写典型健康教育案例,打印并分发给学生。

2. 学生准备

（1）知识准备:掌握原发性高血压的主要危险因素及预防;掌握健康教育的基本程序及制订健康教育计划的步骤;预习实训1。

（2）合理分组:按照自愿、同组异质、异组同质原则分组,4人一组。

（3）角色准备:护士、患者、家属及观察员,护士准备护士服、护士帽、口罩。

3. 用物准备　健康教育评估记录相关物品(记录纸、签字笔等)、多媒体展示设备等。

【实训学时】

2学时。

【实训步骤】

1. 教师带领学生回顾健康教育程序和制订健康教育计划的步骤,讲解本次实训的目的、要求和健康教育案例。

2. 采用角色扮演法,每组学生对案例进行健康教育评估。评估患者的学习需要和学习的影响因素。1人扮演患者,1人扮演患者家属,1人扮演护士,另外1人作为观察员进行观察记录。

3. 采用小组讨论法,每组学生对案例中的患者,制订健康教育计划。健康教育计划包括健康教育的诊断、目标、内容、方法、健康教育时间安排和反馈评价方法等。

4. 学生汇报本组制订的健康教育计划,回答教师及其他学生提出的问题。

5. 教师评价各组在健康教育评估和制订健康教育计划实训中的表现,并进行总结。

【实训内容】

案例:王某,男,50岁,教师。间断性头晕、头痛2年,加重伴阵发性视物模糊1年。

2年前,患者在劳累或情绪激动时,出现间断性头晕、头痛,头晕为非旋转性,头痛呈胀痛,枕部疼痛尤重,不伴恶心、呕吐、耳鸣,无腰痛、少尿、血尿、水肿,无心悸、多汗、无力等,未服用糖皮质激素等特殊药物,休息后可缓解,未予治疗。1年前症状加重,出现频率增加,伴有阵发性视物模糊,多出现在傍晚下班时,去医院就诊,测量血压为160/100mmHg,医嘱给予缬沙坦氨氯地平缓释片,口服,每日一次。患者服用1个月后,症状减轻,自行停药,出现症状时再次服用,间断治疗,血压波动大,最高达180/100mmHg。

既往身体健康,无慢性病史,无药物过敏史,无外伤、手术及输血史。吸烟25年,每天10~20支,偶尔饮酒,喜欢甜、油腻及辛辣食品。平时基本不锻炼。已婚,育有1子1女,配偶及子女身体健康。母亲身体健康。父亲患原发性高血压15年,糖尿病8年,心肌梗死3次,10年前因脑出血去世。

体格检查:T 36.4℃,P 76次/min,R 18次/min,BP 175/110mmHg。体重85kg,身高1.75m;无浅表淋巴结肿大,无满月脸、贫血貌,眼睑无水肿,巩膜无黄染,口唇无发绀,双肺呼吸音清,未闻及干湿啰音,心尖冲动位于第五肋间左锁骨中线内0.5cm,心界正常,心率76次/min,心律齐,各瓣膜听诊区未闻及杂音,A2＞P2,腹部柔软,无压痛及反跳痛,肝脾肋下未触及,墨菲征阴性,肠鸣音4次/min,腹部未闻及血管杂音,无双下肢水肿。

实验室检查:血常规示红细胞4.5×10^{12}/L,血红蛋白135g/L,白细胞7.2×10^9/L,血小板200×10^9/L;尿常规正常;空腹血糖6.4mmol/L;血脂测定示甘油酸酯2.12mmol/L(参考值0.4~1.88mmol/L),血清总胆固醇6.36mmol/L(参考值2.8~5.7mmol/L),高密度脂蛋白1.80mmol/L(参考值0.83~1.91mmol/L),低密度脂蛋白4.32mmol/L(参考值0~3.15mmol/L)。

临床诊断:1.原发性高血压3级(极高危组);2.高脂血症。

任务:

1. 对患者王某进行健康教育评估。

2. 根据案例情况,制订健康教育计划。

【实训报告】

完成案例中患者的健康教育计划。

【考核标准】

制订健康教育计划考核标准,见实训表1-1。

实训表1-1 制订健康教育计划考核标准

项目	评分要点	得分
一、角色扮演 健康教育评估	1. 小组成员积极参与教学活动(5分)	
	2. 询问、回答或记录内容恰当(10分)	
	3. 有较好的沟通能力(10分)	
	4. 体现人文关怀、尊重患者(5分)	
二、小组讨论 制订健康教育计划	1. 小组成员积极参与教学活动(5分)	
	2. 讨论内容恰当有序(10分)	
	3. 汇报完整流畅(10分)	
	4. 小组合作精神、严谨求实作风(5分)	

项目	评分要点	得分
三、实训报告 患者健康教育计划	1. 书写整洁(5分) 2. 健康教育诊断准确(5分) 3. 健康教育目标恰当(5分) 4. 健康教育内容充实、体现人文关怀(10分) 5. 健康教育方法可行(10分) 6. 健康教育效果反馈方法可行(5分)	
合计	100分	

（程 伟）

实训2　社区健康教育见习

【实训目的】

1. 具有服务群众,奉献社会的精神。

2. 掌握社区健康教育的形式与方法。

3. 初步学会开展社区健康教育。

【实训准备】

1. 教师准备　联系见习单位;与社区卫生服务中心教学人员充分沟通;提前告知学生见习的注意事项,安排班长进行分组并选好各组组长。

2. 学生准备

(1)知识准备:社区健康教育的概念、对象、目的;对不同社区居民开展健康教育的内容与方法。

(2)合理分组:按照自愿、同组异质、异组同质原则分组,8~10人一组。

3. 用物准备　笔记本、笔。

【实训学时】

2学时。

【实训步骤】

每组由一名带教老师带领,逐个科室进行参观,参观过程中讲解各参观科室的功能和相关健康教育工作内容及形式与方法。

【实训内容】

参观某社区卫生服务中心,了解其对社区居民进行健康教育的内容及方法。

一、见习前

1. 全体同学在学校门口集合,教师介绍本次实训地点,强调安全、文明礼仪等注意事项。

2. 集体乘车或步行准时到达社区卫生服务中心,特别注意安全。

3. 在社区卫生服务中心门口集合,各组组长清点人数。

4. 教师介绍带教老师和实训目的。

二、见习中

1. 社区工作人员介绍社区基本情况和科室设置。

2. 社区卫生服务中心负责人介绍社区卫生服务中心总体情况和服务情况。

3. 带教老师带队逐个科室进行参观、讲解,了解各科室功能、相关健康教育工作内容。

4. 学生随机与前来就诊或咨询的居民交流,了解居民的健康意识、健康状况、健康问题及生活方式等(如有机会,可参观一次社区健康教育专题活动)。

5. 见习过程中,同学们认真听讲、仔细观察、虚心提问并做好笔记。每组组长负责协助带教老师维持秩序。

三、见习后

1. 各组组长组织讨论、总结本组表现及见习心得体会。

2. 教师对各组讨论、发言进行总结、评价。

3. 统一乘车或步行返校,各组组长负责清点人数,如有掉队及时报告老师。

【实训报告】

一、社区卫生服务中心基本情况

名称　　　　　　　　辖区面积　　　　　　　所辖人口数

全科医生数　　　　　社区护士数

二、社区开展健康教育内容

	已做到	部分做到	未做到	形式
个体卫生行为				
社区规划和住宅卫生				
饮水卫生				
食品安全				
环境卫生				
儿童预防接种				
社区儿童保健				
社区妇女保健				
社区老年保健				
社区精神保健				
社区康复保健				
控制药物依赖				
慢性非传染性疾病的预防				
家庭急救				
职业危害预防				
医疗卫生法律法规及政策				

三、社区健康教育见习体会

见习体会可另附纸书写。

考核标准见实训表2-1。

实训表2-1 社区健康教育见习考核标准

项目	评分要点	得分
一、见习前	1. 衣帽整洁,举止端庄,仪表符合社区卫生服务规范要求(5分)	
	2. 按时集合(5分)	
	3. 准备好笔和笔记本(5分)	
	4. 前往过程中,遵守秩序,听从安排(15分)	
二、见习中	1. 小组队列有序,不拥挤(10分)	
	2. 仔细聆听老师讲解,认真做笔记(10分)	
	3. 尊重带教老师,与老师沟通较好,关系和谐(10分)	
	4. 积极回答问题,态度认真(10分)	
	5. 参观过程中无掉队(10分)	
三、见习后	1. 无迟到早退(5分)	
	2. 小组代表发言好(10分)	
	3. 整队返校,秩序良好(5分)	
合计	100分	

附　社区人群健康教育流程

一、健康教育的流程

1. 确定健康教育内容,根据不同人群特点或居民关注的健康热点选定内容。

2. 联系主讲老师,主讲老师主要是社区、医院专家或者讲师团成员。

3. 确定时间、地点。

4. 与社区(街道)领导联系,告知培训内容、时间、地点,做好沟通。

5. 社区(街道)确定参加对象、发放通知。

6. 培训当天布置好会场。

7. 签到,发放调查问卷,作为教育前的调查。

8. 拍摄现场照片。

9. 教育后发放调查问卷,反馈教育效果。

10. 整理培训相关资料。

11. 培训小结,并把培训小结、照片和签到留存,形成报告。

二、健康教育流程的质量控制

1. 第一环节　根据疾病多发季节或者新颖话题或居民关心的健康热点选定讲课主题。

2. 第二环节

(1)提前10~15天通知,培训前1天再通知。

(2)通知方式:电子邮件,电话,微信群,社区卫生干部下居委会时口头督促。

(3)每个居委会都必须有人参加健康教育培训。

3. 第三环节　准备好会场、横幅、照相机、电脑、投影仪、话筒、宣传资料等。

三、评价指标

1. 科学性、实用性、可行性。

2. 通知的及时性、通知完成率。

3. 出席对象及出席率。

4. 通过调查问卷评价居民满意度和教育前后效果。

（任彩红）

实训 3　冠状动脉粥样硬化性心脏病患者的健康指导

【实训目的】

1. 具有为社区人群健康服务的精神、人文关怀的素养及科学严谨的工作作风。

2. 掌握冠心病患者健康指导的步骤。

3. 学会与冠心病患者沟通的策略和进行健康指导的技巧。

【实训准备】

1. 教师准备　教学环境准备；编写典型健康教育案例，打印并分发给学生。

2. 学生准备

（1）知识准备：掌握冠心病的主要危险因素及危害；熟悉冠心病预防和控制的主要方法；预习实训3。

（2）合理分组：按照自愿、同组异质、异组同质原则分组，4人一组。

（3）角色准备：护士、患者、家属及观察员；护士准备护士服、护士帽、口罩。

3. 用物准备　健康指导记录相关物品（记录纸、签字笔等）、多媒体展示设备等。

【实训学时】

1学时。

【实训步骤】

1. 教师带领学生回顾冠心病危害及干预措施，讲解本次实训的目的、要求和典型健康教育案例。

2. 每组学生采用角色扮演法，对典型案例进行健康指导。询问患者的目前身体情况和周围环境情况。1人扮演患者，1人扮演患者家属，1人扮演护士，另外1人作为观察员进行观察记录。

3. 每组学生采用小组讨论法，针对典型案例中的患者，制订健康指导方案。健康指导方案包括基础知识、饮食、生活习惯、运动、用药等方面。

4. 每组学生汇报本组制订的健康指导方案，并回答教师及其他学生提出的问题。

5. 教师评价各组在情景模拟和健康指导方案中的表现，并进行总结。

【实训内容】

案例：患者，女性，62岁，教师。

主诉：反复心悸、胸闷1年，加重2周。现病史：患者于1年前无明显诱因出现心悸、胸闷症状，在某市医院检查确诊为冠心病。近2周生气后再次出现心悸、胸闷。

既往史：既往有高血压病史多年，血压最高达150/100mmHg，平时未服药治疗，否认有2型糖尿病史，有慢性胃炎病史多年，否认肝炎、结核等传染病史。否认手术、外伤及输血史，无药物过敏史，预防接种史不详。

个人史：无地方病地区居住情况，有抽烟史10年，每天20支。

查体：T 36.6℃，P 90次/min，R 21次/min，BP 114/90mmHg，发育正常，营养良好，神志清楚，自动体位，查体合作。皮肤湿润，弹性良好，无水肿及黄疸，未见皮疹及出血点，毛发分布无异常。浅表淋巴结未触及肿大及压痛。心前区无隆起，触诊无震颤，心浊音界不大，心率90次/min，律齐。心脏各瓣膜区未闻及病理性杂音。腹壁柔软，无压痛及反跳痛，无振水音。胆囊、肝脏、脾脏及双肾未触及。肝浊音界正常，肝区无叩击痛，无移动性浊音，双肾区无叩击痛。脊柱弯曲度正常，无畸形，活动自如，无压痛及叩击痛。四肢发育正常，无肢体活动障碍。

诊断：冠状动脉粥样硬化性心脏病。

任务：

1. 针对上述案例，进行健康指导。

2. 根据上述案例情况，制订健康指导方案。

【实训报告】

完成案例中患者的健康指导方案。

【考核标准】

制订冠心病健康指导方案考核标准，见实训表3-1。

实训表3-1　制订健康指导方案考核标准

项目	评分要点	得分
一、角色扮演	1. 小组成员积极参与教学活动（5分）	
	2. 询问、回答或记录内容恰当（10分）	
	3. 有较好的沟通能力（10分）	
	4. 体现人文关怀、尊重患者（5分）	
二、小组讨论	1. 小组成员积极参与教学活动（5分）	
	2. 讨论内容恰当有序（10分）	
	3. 汇报完整流畅（10分）	
	4. 小组合作精神、严谨求实作风（5分）	
三、实训报告 健康指导方案	1. 书写整洁（5分）	
	2. 健康指导方案条目完整（10分）	
	3. 健康指导方案内容充实、体现人文关怀（10分）	
	4. 健康指导方案方法可行（10分）	
	5. 健康指导方案效果反馈方法可行（5分）	
合计	100分	

（张文明）

实训 4　慢性阻塞性肺疾病患者的健康指导

【实训目的】

1. 具有关爱患者、服务大众、传播健康的职业精神。

2. 掌握慢阻肺患者健康指导的步骤。

3. 学会与慢阻肺患者沟通的策略和进行健康指导的技巧。

【实训准备】

1. 教师准备　教学环境准备；编写典型健康教育案例，打印并分发给学生。

2. 学生准备

（1）知识准备：掌握慢阻肺的主要危险因素及危害；熟悉慢阻肺预防和控制的主要方法；预习实训4。

（2）合理分组：按照自愿、同组异质、异组同质原则分组，4人一组。

（3）角色准备：护士、患者、家属及观察员，护士准备工作服、护士帽、口罩。

3. 用物准备　健康指导记录相关物品（记录纸、签字笔等）、多媒体展示设备等。

【实训学时】

1学时。

【实训步骤】

1. 教师带领学生回顾慢阻肺的危害及干预措施，讲解本次实训的目的、要求和典型健康教育案例。

2. 每组学生采用角色扮演法，对典型案例进行健康指导。询问患者的目前身体情况和周围环境情况。1人扮演患者，1人扮演患者家属，1人扮演护士，另外1人作为观察员进行观察记录。

3. 每组学生采用小组讨论法，针对典型案例中的患者，制订健康指导方案。健康指导方案包括基础知识、饮食、生活习惯、运动、用药等方面。

4. 每组学生汇报本组制订的健康指导方案，并回答教师及其他学生提出的问题。

5. 教师评价各组在情景模拟和健康指导方案中的表现，并进行总结。

【实训内容】

案例：患者，男性，67岁，退休工人。吸烟史30余年，反复咳嗽、咳痰20年，胸闷伴气促5年。

患者20年前因受凉后出现咳嗽咳痰，痰量中，咳白色黏痰，至当地医院就诊，此后患者常在冬季发作住院治疗，每次均症状好转后出院。

查体：生命体征为T 36.8℃，P 114次/min，R 20次/min，BP 136/88mmHg。一般情况为发育正常，营养一般，急性病容，表情正常，自主体位，神志清楚。皮肤黏膜示色泽减退，无皮疹，无皮下出血，无水肿。浅表淋巴结示全身浅表淋巴结未触及肿大。听诊示呼吸正常，双肺呼吸音粗、双肺可闻及湿性啰音，语音传导正常，无胸膜摩擦音。

诊断：慢性阻塞性肺疾病。

任务：

1. 针对上述案例，进行健康指导。

2. 根据上述案例情况，制订健康指导方案。

【实训报告】

完成案例中患者的健康指导方案。

【考核标准】

制订慢阻肺健康指导方案考核标准,见实训表4-1。

实训表4-1 制订健康指导方案考核标准

项目	评分要点	得分
一、角色扮演	1. 小组成员积极参与教学活动(5分)	
	2. 询问、回答或记录内容恰当(10分)	
	3. 有较好的沟通能力(10分)	
	4. 体现人文关怀、尊重患者(5分)	
二、小组讨论	1. 小组成员积极参与教学活动(5分)	
	2. 讨论内容恰当有序(10分)	
	3. 汇报完整流畅(10分)	
	4. 小组合作精神、严谨求实作风(5分)	
三、实训报告 健康指导方案	1. 书写整洁(5分)	
	2. 健康指导方案条目完整(10分)	
	3. 健康指导方案内容充实、体现人文关怀(10分)	
	4. 健康指导方案方法可行(10分)	
	5. 健康指导方案效果反馈方法可行(5分)	
合计	100分	

(武 超)

教学大纲（参考）

一、课程性质

健康教育是中等卫生职业教育护理专业一门重要的专业（技能）方向课程。本课程的主要内容是健康教育基本概念，开展健康教育的基本程序和方法，社区健康教育、家庭健康教育及医院健康教育的主要内容和方法。本课程的任务是，通过上述内容的学习，使学生充分认识健康教育的重要性，学会社区卫生工作者应具备的健康教育工作基本技能，为将来从事健康教育、健康促进工作打下基础。本课程的先修课程包括职业道德与法治、护理学基础、健康评估等，同步和后续课程包括内科护理、外科护理、妇产科护理等。

二、课程目标

通过本课程的学习，学生能够达到下列要求：

（一）职业素养目标

1. 具有关注健康、预防为主的意识。

2. 具有为社区人群健康服务的精神。

3. 具有脚踏实地、科学严谨的工作作风和良好的职业道德。

（二）专业知识和技能目标

1. 了解健康教育相关理论。

2. 熟悉健康教育有关基本概念和社区健康教育、家庭健康教育、医院健康教育有关基本知识。

3. 掌握健康教育的基本程序、内容和方法。

4. 学会观察和分析人群健康相关行为及其影响因素，制订可行的健康教育计划，开展健康教育工作并进行效果评估。

5. 熟练掌握开展社区健康教育和常见疾病健康教育的方法。

三、教学时间分配

教学内容	学时		
	理论	实践	合计
一、认知健康教育基本概念	2		2
二、实施健康教育	4	2	6
三、开展社区健康教育	2	2	4
四、开展医院健康教育	2		2
五、开展常见疾病的健康教育	4	2	6
合计	14	6	20

四、课程内容和要求

单元	教学内容	教学要求	教学活动参考	参考学时	
				理论	实践
一、认知健康教育基本概念	（一）认知健康与健康相关行为		理论讲授	2	
	1. 健康	掌握			
	2. 健康相关行为	熟悉			
	（二）认知健康教育		理论讲授案例教学		
	1. 健康教育的概念与目的	掌握			
	2. 健康教育的研究领域	熟悉			
	3. 健康教育的意义	了解			
	4. 我国健康教育的发展	了解			
	（三）认知健康促进		理论讲授案例教学		
	1. 健康促进的概念	掌握			
	2. 健康促进的策略	了解			
	3. 健康促进的发展	了解			
二、实施健康教育	（一）开展健康教育评估		理论讲授案例教学情景模拟角色扮演	4	
	1. 健康教育评估的内容	掌握			
	2. 健康教育评估的方法	了解			
	（二）开展健康教育诊断				
	1. 开展健康教育诊断的基本步骤	熟悉			
	2. 健康教育诊断的表达	了解			
	（三）制订健康教育计划				
	1. 制订健康教育计划的意义	了解			
	2. 制订健康教育计划的原则	熟悉			
	3. 制订健康教育计划的步骤	掌握			
	（四）实施健康教育计划				
	1. 制订实施健康教育计划的进度表	了解			
	2. 建立实施健康教育计划的组织机构	熟悉			
	3. 实施健康教育计划的质量控制	熟悉			
	4. 实施健康教育计划的人员培训	了解			
	5. 实施健康教育计划的物质准备	熟悉			
	6. 实施健康教育计划的手段	掌握			
	（五）开展健康教育评价				
	1. 健康教育评价的类型和内容	熟悉			
	2. 健康教育评价的指标	熟悉			
	3. 健康教育评价的方法	了解			

单元	教学内容	教学要求	教学活动参考	参考学时理论	参考学时实践
	4. 健康教育评价的影响因素	熟悉			
	实训1 制订健康教育计划	学会	案例分析 技能实践		2
三、开展社区健康教育	（一）认知社区健康教育		理论讲授 案例教学 情景教学	2	
	1. 社区健康教育的概念	掌握			
	2. 社区健康教育的对象	了解			
	3. 社区健康教育的意义	了解			
	（二）开展农村社区健康教育				
	1. 农村社区健康教育的基本内容	熟悉			
	2. 农村社区健康教育的形式与方法	掌握			
	（三）开展城市社区健康教育				
	1. 城市社区健康教育的基本内容	熟悉			
	2. 城市社区健康教育的形式与方法	掌握			
	（四）开展家庭健康教育				
	1. 家庭健康教育的基本内容	熟悉			
	2. 家庭健康教育的形式与方法	掌握			
	实训2 社区健康教育见习	学会	临床见习		2
四、开展医院健康教育	（一）医院健康教育的概念、意义与内容		理论讲授 案例教学	2	
	1. 医院健康教育的概念	掌握			
	2. 医院健康教育的意义	了解			
	3. 医院健康教育的基本内容	掌握			
	（二）医院健康教育的途径、方法与实施				
	1. 医院健康教育的途径	熟悉			
	2. 医院健康教育的方法	熟悉			
	3. 医院健康教育的实施	掌握			
五、开展常见疾病的健康教育	（一）开展高血压的健康教育		理论讲授 案例教学	4	
	1. 高血压对健康的危害	了解			
	2. 高血压的健康教育与干预措施	掌握			
	（二）开展冠状动脉粥样硬化性心脏病的健康教育		理论讲授 案例教学		
	1. 冠状动脉粥样硬化性心脏病对健康的危害	了解			

单元	教学内容	教学要求	教学活动参考	参考学时	
				理论	实践
	2. 冠状动脉粥样硬化性心脏病的健康教育与干预措施	熟悉			
	（三）开展糖尿病的健康教育		理论讲授案例教学		
	1. 糖尿病对健康的危害	了解			
	2. 糖尿病的健康教育与干预措施	掌握			
	（四）开展慢性阻塞性肺疾病的健康教育		理论讲授案例教学		
	1. 慢性阻塞性肺疾病对健康的危害	了解			
	2. 慢性阻塞性肺疾病的健康教育与干预措施	掌握			
	（五）开展恶性肿瘤的健康教育		理论讲授案例教学		
	1. 恶性肿瘤对健康的危害	了解			
	2. 恶性肿瘤的健康教育与干预措施	熟悉			
	（六）开展烟草成瘾的健康教育		理论讲授案例教学		
	1. 烟草成瘾对健康的危害	了解			
	2. 烟草成瘾的健康教育与干预措施	熟悉			
实训3 冠状动脉粥样硬化性心脏病患者的健康指导		学会	小组讨论案例教学角色扮演		1
实训4 慢性阻塞性肺疾病患者的健康指导		学会	小组讨论案例教学角色扮演		1

五、说明

（一）教学安排

本教学大纲主要供中等卫生职业教育护理专业教学使用，第三学期开设，总学时为20学时，其中理论教学14学时，实践教学6学时。学分为1学分。

（二）教学要求

1. 本课程对理论部分教学要求分为掌握、熟悉、了解3个层次。掌握：指对基本知识、基本理论有较深刻的认识，并能综合、灵活地运用所学的知识解决实际问题。熟悉：指能够领会概念、原理的基本含义，解释护理现象。了解：指对基本知识、基本理论能有一定的认识，能够记忆所学的知识要点。

2. 本课程重点突出以岗位胜任力为导向的教学理念，在实践技能方面分为熟练掌握和学会2个层次。熟练掌握：指能独立、规范地解决××，完成××操作。学会：指在教师的指导下能初步实施××。

（三）教学建议

1. 结合本课程特点,融入爱国主义、工匠精神等教育,强化爱国爱岗情怀和重视人民健康、服务人民健康的意识。

2. 本课程依据护理岗位的工作任务、职业能力要求,强化理论实践一体化,突出"做中学、做中教"的职业教育特色,根据培养目标、教学内容和学生的学习特点以及职业资格考核要求,提倡项目教学、案例教学、任务教学、角色扮演、情境教学等方法,利用校内、外实训基地,将学生的自主学习、合作学习和教师引导教学等教学组织形式有机结合。

3. 教学过程中,可通过测验、观察记录、技能考核和理论考试等多种形式对学生的职业素养、专业知识和技能进行综合考评。应体现评价主体的多元化,评价过程的多元化,评价方式的多元化。评价内容不仅关注学生对知识的理解和技能的掌握,更要关注学生在健康教育实践中运用与解决实际问题的能力水平,重视护理职业素质的形成。

参 考 文 献

[1] 傅华. 健康教育学 [M]. 3 版. 北京：人民卫生出版社, 2018.

[2] 姜瑞涛, 徐国辉. 社区护理 [M]. 3 版. 北京：人民卫生出版社, 2018.

[3] 王健, 穆晓云. 护理健康教育学 [M]. 上海：上海科学技术出版社, 2020.

[4] 王利群, 刘梦婕. 社区护理 [M]. 3 版. 北京：人民卫生出版社, 2020.

[5] 张中平, 郭永洪. 社区护理 [M]. 北京：人民卫生出版社, 2019.

[6] 中国健康教育中心. 健康教育核心信息汇编：2019 版 [M]. 北京：人民卫生出版社, 2020.